CHARLES MERYON

ÉDITION DE LUXE

Il a été tiré à part de ce livre
cent exemplaires numérotés sur papier du Japon.

CHARLES MERYON
PAR FÉLIX BRACQUEMOND

GUSTAVE GEFFROY

Charles Meryon

PARIS
H. FLOURY, ÉDITEUR
4, Rue de Condé
1926

C. MERYON SC.   D'APRÈS ZEEMAN

BATEAUX DE HAARLEM A AMSTERDAM

CHARLES MERYON

I. — L'HOMME DES PIERRES

Le graveur à l'eau-forte épris des aspects persistants des anciennes
choses est un de ces personnages singuliers dont la race va se perdant,
en même temps que s'effrite et va disparaître ce qui a été l'objet de leur
amour. Cette race est celle des flâneurs et des rêveurs, des fureteurs
de Paris, du vieux Paris qui livre ses derniers secrets à ceux qui savent
les solliciter. Edgar Poë a fait passer à travers les rues des capitales
le personnage qu'il désigne comme l'Homme des foules. Le graveur
inquiet et chercheur est l'Homme des pierres. Il appartient à l'espèce

de ceux qui regrettent, et qui veulent savoir, qui s'acharnent à pénétrer, à déchiffrer, à sauver encore un peu de ce qui va mourant, de ce qui meurt, de ce qui n'est déjà plus au lendemain du jour où ils ont fixé l'image chère à leur cœur.

Ces amants des vieilles pierres ont eu un ancêtre, l'illustre graveur Piranesi, grandiose artiste qui a donné aux choses disparues une vie éternelle, aussi éternelle que la vie et l'art, par les cuivres sur lesquels il a creusé, d'un trait indélébile, la figure infiniment noble, triste et farouche, de cette chose splendide que l'on nomme la ruine. Colonnes brisées, chapiteaux détruits, marches usées, gradins de cirque polis par le passage des foules, arènes cendreuses, dalles dorées par trois mille ans de soleil, objets maniés par des mains qui sont maintenant moins que poussière, temples dont les divinités sont mortes, salles de festins envahies d'herbes, alcôves exposées à ciel ouvert, murailles qui défiaient le temps, qui enfermaient des palais et des villes, et qui sont debout encore dans la solitude, avec leur effroyable inutilité, abîmes vertigineux d'architectures tournoyantes, spirales perforantes qui emportent avec elles la lumière vers les noires régions de la nuit souterraine, tout ce qui s'est dressé victorieusement sur le sol, tout ce qui a abrité le déploiement rythmé des processions, la cadence retentissante des marches militaires, la joie des multitudes, les crimes des tyrannies, c'est ce qui vit à jamais sur les feuilles de papier où Piranesi a fixé la poésie morte des pierres de la Rome antique.

Nul, depuis lui, n'a évoqué le passé avec plus de puissance et de force. On ne peut guère mettre en regard de son œuvre que les œuvres des Canaletto : Antonio Canaletto qui grave les aspects de Venise, fins, rigides et clapotants ; Belotto Canaletto, neveu d'Antonio, qui est l'aquafortiste de Dresde, curieuse ville d'architectures contournées, de dômes et de flèches d'une lourdeur coquette, de vastes places bordées de maisons aux formes de bahuts. Toutefois, rien de tout ceci, sauf un quartier incendié, déchiqueté, demi-détruit, dans la série de Dresde, de Belotto, ne donne l'idée de ces vastes décors de Piranesi, qui se lèvent du fond du temps, comme les images exhumées, sauvées du néant, vestiges magnifiques de la puissance et de l'orgueil du monde ancien.

Mais voici, tout différent, un autre artiste, qui n'a pas songé et travaillé comme Piranesi, devant les restes de la vie abolie, et dont l'œuvre donne une sensation de nostalgie persistante à nous autres, gens de Paris, qui avons recueilli le souvenir des aspects et des traces du Paris d'autrefois, un autrefois qui est d'hier, de 1810 à 1860, de Louis-Philippe à Napoléon III, en passant par la Révolution de 1848.

C'est Charles Meryon. Son œuvre de graveur est un des poèmes les plus profonds qui aient été écrits sur une ville, et l'originalité singulière de ces pages pénétrantes, c'est qu'elles aient eu immédiatement, quoique directement tracées d'après des aspects vivants, une apparence de vie révolue, qui est morte, ou qui va mourir. Un mystère plane sur ces gravures de Meryon, une sorte de flottement d'âme funèbre imprègne de stupeur et de pressentiment les façades des maisons, les pierres des quais, les pavés des berges, les toits inclinés, les monuments pointés dans l'air, les nuages qui couraient et qui s'arrêtent. Il y a un sentiment indéfinissable dans cet art, et je ne parle pas de l'imagination de l'artiste touchée par la folie, qui lui faisait ajouter des devises inquiétantes, des vols d'oiseaux sinistres comme des présages, des monstres nés des cauchemars, sur les cuivres où son ferme burin avait évoqué sans hésitation les formes linéaires des paysages urbains. Ce sentiment existe indépendamment des reproductions les plus scrupuleuses, les plus réelles, des sujets qui avaient arrêté le choix de l'artiste. Il y avait en lui du voyant, et il devinait sans doute que ces formes si rigides étaient éphémères, que ces curieuses beautés s'en iraient où tout s'en va, il écoutait le langage que parlent les rues et les ruelles sans cesse bousculées, détruites, refaites, depuis les premiers jours de la cité, et c'est pourquoi sa poésie évocatrice rejoint le Moyen-Age à travers la ville du xixe siècle, dégage la mélancolie de toujours à travers la vision des apparences immédiates.

> Le vieux Paris n'est plus. La forme d'une ville
> Change plus vite, hélas ! que le cœur d'un mortel.

Ces deux vers de Baudelaire pourraient être mis en épigraphe au recueil des œuvres de Meryon, dont la parenté est évidente avec les Tableaux parisiens vus et rêvés par le poète des *Fleurs du mal*.

II. — DOUBLE APPARITION DE MERYON

Voici la double apparition de Charles Meryon et de son œuvre dans l'histoire de l'Art.

Son œuvre, d'abord.

Une vision impeccable. Un œil enregistreur d'une qualité rare, comme il y en a peu chez les artistes. Aucune déformation. Des paysages de villes, des places, des rues, des monuments, des maisons, des toits, des fenêtres, des moulures, des pierres, — d'une mise en place exacte, rigide, absolue, la réalité sans une erreur, sans une faute. Toutes les beautés et toutes les tares, tous les charmes jeunes de la lumière et toutes les rides de la vétusté, toutes les expressions délicieuses du renouveau perpétuel et toutes les gravités soucieuses de la vieillesse. C'est l'observation et c'est la poésie mises au net par un dessin d'architecte, par des constructions rectilignes évoquant le compas et la pointe. Des lignes droites, des contours nets. Jamais une exagération, jamais un écart. Aucune trace de songe, de cauchemar, ni même d'amplification, de grandissement, de recherche du style. On éprouve l'impression d'une rêverie, mais cette rêverie est lucide, c'est celle d'un esprit mathématique, d'une raison géométrique, qui prend la mesure des choses et qui les exprime dans leur vérité adéquate, ce qui revient à dire que ce sont les choses représentées qui apportent à celui qui les regarde la possibilité de les rêver. On croirait que celui qui les a formulées d'une main si ferme, après les avoir contemplées d'un esprit si perspicace, n'a voulu être que leur copiste ponctuel, leur interprète sans reproche, leur traducteur sans trahison.

Telle apparaît dans son ensemble, dans sa conception première, l'œuvre de Charles Meryon, graveur à l'eau-forte, évocateur savant des pierres du vieux Paris.

L'homme de cet art, maintenant.

L'homme qui est l'auteur de cette œuvre de vérité irréprochable était un fou, probablement né fou ou prédestiné à le devenir, candidat à la folie, comme les médecins aliénistes étiquettent ce genre de sujets. Il a vécu dans l'inquiétude, dans l'aberration, puis dans l'exaltation, il

Je suis matelot, voguons sur l'onde.
Sillonnant la mer profonde,
Il faut trouver un nouveau monde !
C'est pour cela
Que Dieu nous créa ....

a été tourmenté par l'idée de persécution, ravagé par le délire érotique, et finalement il a sombré dans la démence, et son cerveau malade a fait sa proie de son corps épuisé, il n'a connu le repos qu'en tombant dans l'éternelle nuit. Son être brisé, sa pensée agitée, se sont enfin endormis dans le sommeil du néant bienfaisant.

C'est ce malheureux homme, perdu dans le mensonge des sens, qui est l'auteur de cette œuvre véridique.

La science intervient et dit ceci :

Charles Meryon laisse une œuvre exécutée durant une courte existence, — œuvre tourmentée, douloureuse, misérable, si l'on considère que l'homme a sombré prématurément dans la folie, — œuvre enviable et resplendissante, si l'on oublie la terrible rançon payée par l'être humain à la gloire de l'artiste.

Né en 1821, il meurt en 1868, à quarante-sept ans, à la maison municipale de santé de Saint-Maurice, — à Charenton, nom lugubre qui fait entendre à l'imagination des plaintes, des appels, des cris de fureur, et le silence.

Il est l'artiste-né, qui découvre par lui-même et en lui-même les secrets d'une technique impeccable. C'est à peine s'il apprend son métier d'artiste, et comme à regret. Mais il voit, il sent, il a le don d'interpréter. Son talent est précis, infaillible, son trait d'une sûreté et d'une rectitude absolues.

Et pourtant, l'homme est marqué d'une tare cérébrale terrible. Il a passé, durant sa courte existence, par toutes les phases du déséquilibre mental, s'arrêtant plus ou moins à chacun des paliers de cette vertigineuse descente d'un organisme dans l'abîme démentiel.

Il ne peut être rangé dans aucune catégorie de malades, tour à tour il a été misanthrope, persécuté, maniaque, mégalomane, successivement s'humiliant et refusant les aliments « dont il était indigne », puis : Empereur, Dieu, Martyr.

Une personne de son entourage amical, Mme Valrey, le qualifie « fou de naissance », et c'est là, dans le langage courant des profanes de la médecine, le meilleur diagnostic fourni sur l'état de cet être étrange, incohérent et génial. Il est hors cadres. Le docteur Magnan l'aurait rangé dans la classe des « grands déséquilibrés ». Né d'une mère démente et d'un père anglais colonial, il a été mal construit cérébralement. Son état mental est instable. Son cerveau présente un vice de forme et de fond, il est disjoint, victime d'une malfaçon congénitale analogue à celle d'un enfant corporellement taré d'un pied-bot, d'une claudication, d'un bec-de-lièvre.

Son intelligence n'est pas à la commune mesure, il y a des sommets éclatants à côté de marécages obscurs et croupissants. La lumière et l'ombre alternent si bien en lui que tous les troubles se déroulent dans son imagination, se succèdent, apparaissent et disparaissent sur son horizon mental. Guéri d'une aberration, il tombe aussitôt dans une autre, consécutivement délirant, visionnaire, halluciné. Son humeur, son jugement, son activité, ne sont jamais dans le plan normal, jamais stables. Il est par le talent au-dessus, par le jugement au-dessous, toujours à côté, du niveau ordinaire.

Il agit sans cohérence, poussé par des mobiles mystérieux, irrésistibles et impérieux comme des instincts, sans s'expliquer les mobiles qui le poussent, ou plutôt il est agi par les lois d'une hérédité morbide lointaine, implacable, maternelle et directe à coup sûr, mais peut-être aussi bien partagée par le médecin anglais, son père, attaché à la destinée de lady Stanhope, et qui a pu, lui aussi, donner un levain maladif à ce génial malade.

Aucune de ces causes n'intervient dans l'œuvre qu'il élabore et qu'il laisse en témoignage de son dédoublement de personnalité. Et cette œuvre est sublime. L'acuité de sa vision est extraordinaire, bien que les couleurs soient perçues à faux (il est affligé d'une tare visuelle, le daltonisme). Sa sûreté de coup d'œil est prodigieuse, sa main est infaillible pour tracer un contour, modeler une forme, équilibrer les détails en une synthèse saisissante. Il voit l'objet par un œil sensible qui est un objectif idéal.

Son œuvre a été conçue dans un état d'exaltation épuisante sans doute, pour ce cerveau malade, puisqu'à quarante-sept ans il meurt à bout de volonté, de résistance, de jugement, aussi vieux par son système nerveux épuisé qu'un vieillard centenaire, usé, ayant dépensé ses forces vives,   sénile, dément, cachectique.

Successivement, de l'humeur morose habituelle, du mutisme, de l'apathie de corps et d'esprit, de l'indifférence, se sont dégagées la méfiance, la torpeur, l'inaptitude à aucun travail, les idées de persé-

EAU-FORTE DE MERYON (1865)

cution, d'auto-accusation, les interprétations délirantes, les hallucinations visuelles, auditives et sensorielles.

III. — L'ENFANCE ET LA JEUNESSE. — LES ÉTUDES DU COLLÉGIEN ET LES VOYAGES DU MARIN. — LE VAISSEAU-FANTOME

Charles Meryon est né le 23 novembre 1821, à Paris, rue Feydeau, quartier des Batignolles, dans la maison de santé du docteur Piet. Il était le fils naturel d'un médecin anglais, le docteur Charles-Lewis Meryon, ancien secrétaire particulier de lady Esther Stanhope, et d'une danseuse espagnole, Mlle Pierre-Narcisse Chaspoux, du corps de ballet de l'Opéra, alors âgée de vingt-huit ans, et qui habitait rue Rameau, 7, près de l'Opéra-Comique.

Le docteur Charles-Lewis Meryon était né en 1783, il mourut en 1877, neuf années après son fils. Il avait reconnu celui-ci le

9 août 1821, et il était retourné en Angleterre, laissant une somme pour l'éducation de l'enfant. Celui-ci fut mis en pension à Passy, à l'âge de cinq ans, sous le nom de Gentil. Il montra du goût pour les mathématiques, et Philippe Burty, au cours de l'étude qu'il lui consacra en 1863, retrouve dans son talent de la rigidité des théorèmes. Dans les « Notes particulières concernant les circonstances et événements divers de ma vie », manuscrit de la main de Meryon qui se trouve au Cabinet des Estampes (don fait en 1911 par M. Atherton Curtis), il dit avoir étudié un peu le latin, et acquis quelques notions des arts élémentaires du dessin. Il se loue surtout de la situation de la pension en pleins champs, des récréations et de la gymnastique, courses et jeux, qui aidèrent à son développement physique.

C'est à Marseille, où il a fait un séjour dans la famille de son père, et au cours de promenades sur les quais de la ville, que son goût pour la marine est né et s'est développé. Il séjourne à Hyères, où il note ses promenades agrestes et maritimes, il fait un voyage à Nice, une tournée en Italie, à Pise, Gênes, Florence, où il passe un hiver, fréquentant les musées, le palais du grand-duc, le parc. Il reste un mois à Livourne, revient à Marseille par mer, puis à Paris, où il entre à la pension Savary. Après avoir vécu dans la famille de son père, il vit chez sa mère, qui le met en pension chez M. Amiot pendant un voyage qu'elle fait à Honfleur avec la demi-sœur de Meryon. Celui-ci passe ses examens pour l'École navale, où il est admis.

L'ÉLÈVE ÉDOUARD FOLEY
DESSIN DE CHARLES MERYON

UN ANTHROPOPHAGE (PAPOU AUSTRALIEN ORIENTAL)

En 1837, il a seize ans. C'est l'année où sa mère meurt d'aliénation mentale, et c'est l'année où il est entré, avec le n° 47, à l'École navale de Brest. Il en sort, deux ans après, avec le n° 12, comme élève de seconde classe. On l'embarque à Toulon, sur le vaisseau l'*Alger*. Son premier voyage le conduit à Alger, puis se continue par Tunis et Smyrne, où il passe de l'*Alger* sur le *Montebello* avec le titre d'élève de première classe. Il continue son voyage par Athènes, Argos, Tirynthe. Au cours de la relâche en vue du Pirée, il descend à terre, dessine quelques aspects des monuments en ruine de l'antiquité, parmi lesquels le monument de Lysicrate, qu'il gravera plus tard pour un livre du comte de Laborde. Il dessine dans le temple de Thésée, devant la porte de Mycènes, le tombeau d'Agamemnon. Ces croquis marquent sa première attirance vers l'art. En 1840, au retour du *Montebello* à Toulon, il demande des conseils à Victor Cordouan, peintre de la marine, « fort aquarelliste », dira Meryon dans une lettre, et il reçoit de Cordouan des leçons de lavis à la sépia et à l'aquarelle, et de paysage à la mine de plomb. Il profite de cet enseignement, cela est certain, mais il avait le double don : la netteté visuelle et la sûreté de la main. Ses dessins ont la même précision, la même exactitude que ses eaux-fortes, et d'un aspect tout différent : autant les gravures ont de force, de profondeur dans les noirs, d'éclat dans les lumières, autant ses dessins sont de lignes légères, de modelé gris et transparent. Burty, qui a vu de ces premiers dessins

L'ENSEIGNE ÉDOUARD FOLEY
PAR DESATON

10

de Meryon, les définit d'épithètes un peu contradictoires, trouve le rendu cotonneux, et en même temps le dessin juste, fin, élégant.

En 1842, Meryon s'embarque de nouveau, cette fois comme enseigne de vaisseau, sur la corvette le *Rhin*, capitaine Bérard, pour un voyage de circumnavigation qui laissera un souvenir permanent, jusqu'à sa fin, à l'ancien marin devenu graveur. C'est sur le *Rhin* qu'il a contracté des amitiés qui ne l'abandonneront jamais, avec deux enseignes comme lui, Salicis, Antoine-Édouard Foleÿ, qui fut plus tard médecin, savant et philosophe de l'école positiviste, disciple et ami d'Auguste Comte, père de l'écrivain Charles Foleÿ. J'ai eu l'honneur d'être reçu par le docteur Foleÿ, qui m'a dit ses souvenirs de Meryon et m'a communiqué les lettres nombreuses reçues de lui au cours des années 1849-186... Il m'a fait don aussi des livres qu'il a écrits, inspirés par le voyage du *Rhin* : *Eki, père et dieu des cruels humains* et *Quatre années en Océanie*.

Le voyage du *Rhin* fut un voyage en Océanie, la visite de la Nouvelle-Zélande, de la Nouvelle-Calédonie. De 1842 à 1846, les rivages furent abordés par la corvette, les villages, les montagnes, les forêts furent visités par les officiers et les hommes d'équipage autorisés à descendre à terre. Ils connurent l'ivresse des courses dans un pays inconnu, le calme des baies tranquilles et des abris dans les ports, et toujours l'aventure et la poésie de la mer. Meryon prit de nombreux croquis, qui devaient lui servir plus tard à exécuter les dessins, puis les eaux-fortes destinées à illustrer la relation qu'il voulait publier de ce voyage de quatre années. Ce sont des paysages, de collines et de verdures, des cases, des arbres, des végétaux, des animaux, des indigènes vaquant à leurs occupations paysannes.

Pendant une des stations dans la baie d'Akaroa, presqu'île de Banks, en Nouvelle-Zélande, le jeune aspirant de marine donna une preuve de sa ténacité, ainsi racontée par Philippe Burty : « Il avait été interdit aux aspirants de descendre à terre dans le canot du commandant. Meryon entreprit de construire lui-même un canot, choisit un if de quatre mètres de tour, obtint qu'il fut abattu par les charpentiers du bord, et pendant trois mois, couchant sous la tente, maniant le compas, la hache, la scie, le rabot, il réussit à établir une pirogue de cinq mètres de long, admirée de tous, et que le commandant

Bérard, touché par cette volonté et cette science, fit déposer, au retour, à l'arsenal de Toulon. »

La pirogue de Meryon n'existe plus, me dit-on, à Toulon, mais on voit encore, dans l'une des cours du musée de Zoologie du Jardin des Plantes de Paris, un « modèle en plâtre de la baleine australe femelle (*balæna australis*), capturée dans la baie d'Akaroa, et réduit au huitième

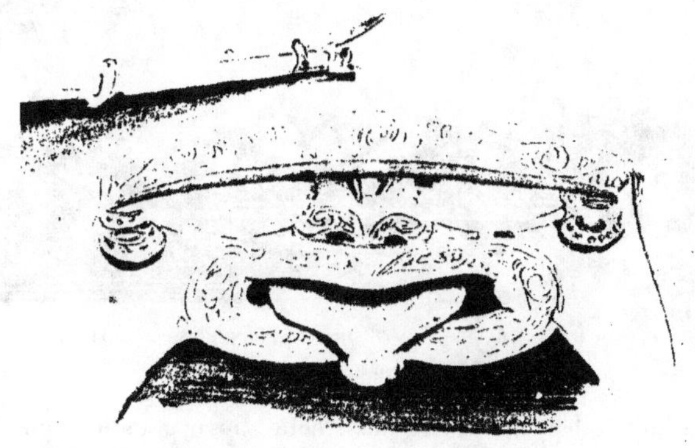

CROQUIS DE MERYON POUR SA PIROGUE

de la grandeur naturelle, d'après le modèle exécuté sur nature par M. Meryon, enseigne de vaisseau. »

Dans ses « Notes » Meryon relate son voyage à Valparaiso, aux Marquises, à Taïti, son retour à Akaroa, où il fait de saisissants portraits d'indigènes, entre autres de Tikao, naturel d'Akaroa, orateur.

Meryon a surtout fixé ses souvenirs de marin, l'aventure de ses voyages, par l'œuvre exécutée sur le tard, le pastel qui appartint à Philippe Burty, qui fut lithographié par Chauvel, et qui est aujourd'hui au Louvre : le *Vaisseau Fantôme*, selon le titre qui lui a été immédiatement décerné. Couvert de toutes ses voiles, poussé par le vent, sous un ciel chagrin, il va sur la mer houleuse, que sa proue coupe hardiment. L'œil du marin et de l'artiste, le cerveau exalté d'un poète, pouvaient seuls voir et concevoir le mouvement de la lame, son bouillonnement et son écume, la voile gonflée recevant la lumière, l'inclinaison vertigineuse du bateau, le vol circulaire des mouettes, et la couleur de l'eau et du ciel! car ici, Meryon a paré son œuvre d'une couleur profonde et tragique, le ciel noir chargé de tempête, l'abîme de la mer d'une transparence bleuâtre avec un reflet

PRESQU'ILE DE BANKS, POINTE DES CHARBONNIERS, AKAROA
EAU-FORTE DE MERYON (1863)

rouge devant le bateau. Œuvre aussi belle, aussi grandiose que les amoncellements de pierres de Paris, barque sur l'Océan, image de la destinée, poésie de l'atome et de l'infini!

IV.   MERYON A PARIS. — SÉANCES AU LOUVRE.
VOYAGES A ROUEN, A LONDRES, EN BELGIQUE

En 1846, Meryon est de retour en France. En 1847, il a vingt-six ans, il est à Paris, où il demande, pour raison de santé, un congé de six mois qu'il obtient. Le capitaine Bérard avait fait une démarche auprès de M. de Montebello, ministre de la Marine, pour le faire nommer au « Dépôt des Cartes et Plans ». Il y eut une promesse, puis un changement de ministère, Meryon négligea de demander la prolongation de son congé, se trouva dans une situation irrégulière, offrit sa démission, qui fut acceptée.

A Paris, il séjourne un mois à l'Hôtel des Etrangers, rue Feydeau, aux Batignolles, où il est né, puis rue Saint-André-des-Arts, avec un atelier rue Hautefeuille, car il s'est décidé à suivre sa vraie vocation, qui est celle de l'artiste.

Il reçoit alors les leçons d'un peintre attaché au ministère de la Guerre, Phélippes, élève de Louis David. « Cet homme d'un caractère assez sérieux, — a écrit Meryon, — me style à faire des études consciencieuses d'après des plâtres antiques : une Vénus, l'Apollon du Belvédère, le Jupiter Olympien. Il sait m'en faire voir et comprendre les beautés, m'astreint à les reproduire avec exactitude... » Meryon fait donc ses stations d'élève dans les galeries de sculpture et de peinture du Louvre. Burty a vu de lui des études au crayon noir, d'après Jules Romain, et à la sanguine dure, d'après Raphaël. Il se soumet à cette discipline, tout en étant impatient de faire œuvre originale. Il écrit à ce propos dans les « Notes particulières » :

« Quoique ayant besoin de me raisonner, de me faire violence pour m'assujettir à ces séances suffisamment longues, à cet âge déjà avancé, l'esprit naturellement inquiet, plutôt porté à voir l'avenir assez triste, j'apportai cependant assez d'assiduité, de persévérance, de force, de volonté. »

Il relate aussi qu'il a fait plusieurs études d'après un écorché qu'il a acquis, cherchant à acquérir ainsi des connaissances dans la structure du corps humain. Les deux maîtres dont les œuvres encouragent ses aspirations sont Delacroix et Decamps. Puis un autre, Hogarth, qu'il lui sera donné de connaître au cours d'un voyage en Angleterre.

Ce moment de la vie de Meryon est éclairé par les lettres qu'il écrit à son ami Foley.

Le 19 janvier 1847, il lui envoie de Paris une lettre fort aimable et fort bien tournée où il lui donne des nouvelles de leurs camarades visités ou rencontrés par lui, à commencer par le commandant Bérard. Celui dont il parle le plus longuement est Salicis. Foley partait pour l'Afrique, et Meryon revient sur le désir qu'il avait exprimé de posséder dans son atelier deux pipes turques et des babouches jaunes. Il qualifie ce désir de folie, dit son aversion pour le tabac, déclare que les babouches seraient pour lui un embarras de plus, et finalement demande à son ami de lui rapporter d'Afrique deux petits flacons d'essence de rose ou de jasmin. Le passage le plus caractéristique de

14

cette lettre est celui où il se réjouit de l'accueil qu'il a reçu des parents
de Foleÿ et s'excuse de ne plus leur rendre visite plus souvent : « Je
me défie tellement de moi, dit-il, et sais mon commerce parfois si
singulier que je suis forcément plus « ours » que je ne le voudrais.
Si jamais je puis me mettre au travail, comme je le désire tant, je
compte sur le contentement intérieur que j'en ressentirai, pour me
rendre un peu plus sociable. »

La lettre se termine par la signature et par cette indication :
R. S. A. 12, qui est l'adresse de Meryon : rue Saint-André-des-Arts, 12.

Une autre lettre, au même, datée du 10 août 1847, dit le travail
de Meryon, un dîner qu'il a fait chez Salicis, son inclination vers « la
paresse la plus lâche », son « amour incarné du far-niente ». Tel est,
dit-il, l'état déplorable où je me trouve. On le dirait incapable d'un
effort, perdu dans la rêverie, ou plutôt dans une inquiétude nerveuse
qui est le signe avant-coureur de son état futur. Il avoue que s'il conti-
nuait à vivre encore longtemps de cette sorte, il finirait par n'être
plus bon à quoi que ce soit, et que c'est aux deux tiers fait. Il s'est
habitué depuis peu de temps à un certain bien être, à la fréquentation
d'une bonne société, et l'idée lui répugne qu'il pourrait être obligé de
changer sa manière de vivre. Il fait allusion aussi, sans le désigner
davantage, à un puissant mobile qui a sur son pauvre être une grande
influence, capable de produire de très bons comme de très mauvais
résultats. Il ajoute qu'il a une bien bonne et très généreuse sœur
(M⁽ᵐᵉ⁾ Broadwood) qui lui veut du bien et s'efforce de le détourner de ses
projets, d'artiste très probablement. Il se déclare peu disposé à donner
suite à une publication officielle en collaboration avec son ex-chirur-
gien, où il doit être chargé des dessins. Il a préféré prendre des leçons
de M. Philippon, à défaut de l'atelier Coignet où il devait entrer,
mais où il a craint de se trouver avec des élèves plus jeunes que lui, et
il travaille d'après la bosse, laissant de côté ses croquis de mœurs
maritimes. Il cherche autre chose, qu'il qualifie de « plus utile », et
il prend pour exemple Gavarni, qu'il qualifie « l'homme le plus remarquable de l'École ». Il croit bizarrement que Gavarni ne peut être
heureux quand, considérant ses œuvres, il vient à songer à celles des
peintres « plus sérieux » de l'époque. Il concède qu'il n'aurait pu manquer, par l'étude, d'arriver aux premiers rangs ! Mais il avait été voué

TOMA KÉKÉ, CHEF DE TRIBU DE LA NOUVELLE-ZÉLANDE

de bonne heure à « un genre de travail » qui n'exigeait de lui que peu de frais et qui, grâce à sa nouveauté et à la supériorité de l'exécution, lui donna bientôt de larges profits, auxquels il lui était devenu impossible de renoncer. « Vous me pardonnerez, conclut-il, de traiter de la sorte un homme certainement hors ligne, mais les opinions sont libres... »

Il revient sur lui-même, avoue qu'il est fainéant toujours et partout, qu'il ne lit pas, il avoue même qu'il n'a pas ouvert un livre depuis qu'il est à Paris, où il jouit pourtant d'une grande liberté et de toutes les ressources d'une grande ville. Il aurait pu, dit-il, consulter son ami de Courtives, qui écrit bien, qui a certainement beaucoup lu, qui allait publier un travail sur le haschisch, lorsqu'un chimiste écossais l'a devancé par une publication analogue. De quoi Meryon le plaint fort, trouve le fait cruel, affirme qu'à la place de Courtives, il aurait été malade d'une semblable déconvenue. « Pour mon malheur, déclare-t-il, je suis furieusement jaloux, en matière de femme comme en toute autre chose. »

Il passe à un autre sujet, celui des futures invitations de l'hiver; il pense qu'il va apprendre à danser, polker, etc., avec Mlle Philippon et ses amies. « Voilà encore une de ces choses difficiles à comprendre : j'aimerais éperduement la danse; j'enrage, quand je suis au bal, de ne pouvoir sauter comme les autres, et j'ai une peine du diable à me décider à apprendre. »

Il aborde la politique, mais pour jurer « par les mânes de Robespierre ! » qu'il n'y entend rien. Il ne lit pas le plus petit bout de journal. Il fait allusion pourtant aux scandales qui ont marqué la fin du règne de Louis-Philippe (les procès Teste et Cubières, l'affaire du duc de Praslin) : « Ces dernières affaires, ces accusations et condamnations, — dit-il, — qu'ont-elles appris de neuf? Que les fonctions honorables sont loin d'être toujours dans des mains honorables; que les trésors n'amènent pas la satiété !... mais est-ce du neuf pour quiconque a un peu vécu ? »

Il envie son ami qui voyage, il regrette de ne pas connaitre « ces rivages autrefois si puissants de la vieille Espagne, qui s'est noyée dans l'or », la « merveilleuse Séville », les vins « que distille le chaud soleil du pays ». Et il ajoute : « Quant aux belles, je comprends votre aversion, à moins que vous n'ayez à presser la bouche de quelque charmante dulcinée assez peu prodigue de ses charmes pour qu'on n'ait pas à craindre le revers de la médaille, - la vipère sous la rose ! »

Des voyages qu'il ne fait pas, il passe à celui qu'il vient de faire. Il a quitté Paris pour l'Angleterre le 4 juillet, il était de retour à Paris le 25. En allant, il a passé par Rouen, Dieppe et Brighton. Il est revenu par la Belgique. Sa vision d'artiste se révèle devant la cathédrale de Rouen : « Je considérai avec bonheur, dit-il, le portail de la cathédrale, qui est si vieux et si déchiqueté qu'il ressemble à ces roches corrodées par les eaux de mer, semblables à celles qu'on remarquait à l'entrée d'Akaroa... Dans les mille rentrées des fioritures sont logés d'innombrables nids d'hirondelles, qui se croisant et se recroisant en tous sens, achèvent de donner plus de vérité à mon rapprochement de tout à l'heure. »

Et voici sa description de Londres, où il était allé voir sa sœur qu'il n'avait pas vue depuis dix ans : « Son mari me fit voir Londres autant que cela est possible en douze jours. Sous le rapport construction, mœurs, etc., c'est Sydney en grand. Les maisons sont presque toutes en briques à deux ou trois étages ; les constructions en pierre de taille sont assez rares et ne sont guère appliquées qu'aux bâtiments du gouvernement. Les rues sont larges et belles. Les magasins sont, il me semble, moins luxueux que ceux de notre capitale. La Tamise est certainement d'une belle largeur, mais pas aussi grandiose que je me l'étais figurée... Les docks ou bassins qui règnent tout le long du fleuve méritent de fixer l'attention des visiteurs et celle particulièrement des marins. » Il continue ainsi, assez banalement, sur l'absence des cafés, sur le confortable des clubs, sur les théâtres, où il a entendu Jenny Lind, pour laquelle les membres de la Chambre des Communes quittaient leurs séances. Il fait seulement une jolie observation, sur Rachel : « Une fois aussi, je vis Rachel, mais c'était en vain qu'elle se tuait de sentiment, on n'avait l'air de ne l'applaudir que par convention. » Il s'extasie ensuite sur le prix des tableaux, un Murillo de deux cent mille francs, un Greuze de vingt mille francs... Il a visité en revenant les églises et les collections de la Belgique, et ce grand artiste se plaint d'avoir eu de la peinture par dessus les yeux.

Il dit son chagrin du retour, d'avoir retrouvé son gîte sans per-

LETTRE A ANTOINE-ÉDOUARD FOLEY

AUTOGRAPHE DE MERYON

sonne pour le recevoir, rien que les murs, « C'est triste », soupire-t-il.
Il se console en allant dîner avec son ami Salicis, qui est toujours
officier de marine, et passer la journée chez les parents de son ami
Foleÿ, à Marly. Il répète qu'il voudrait travailler, mais qu'il est « tellement mollasse » qu'il en est venu au point de presque voir son corps
se refuser aux ordres de sa conscience. Et il termine en demandant à

GALIOT DE JEAN DE WYL DE ROTTERDAM

son ami de lui communiquer les chansons matelotesques recueillies
par lui et auxquelles il ne peut s'empêcher de trouver un charme, —
souvenir nostalgique du vaisseau voguant sur les lames du Pacifique,
qui vient assaillir le marin d'hier perdu dans l'océan de Paris.

V. — UNE ŒUVRE DE MERYON : L'ASSASSINAT DE MARION DUFRÊNE. ARY SCHEFFER ET GAVARNI. — LES ÉVÉNEMENTS DE 1848.

C'est après le stage fait au Louvre que Meryon a l'idée d'entreprendre un tableau dont il parle pour la première fois à son ami Foleÿ
au cours d'une lettre du 17 janvier 1848 et qu'il indique aussi dans
ses « Notes particulières ». Son maître a été contrarié de sa décision

trop prompte, mais il l'aide pourtant de ses conseils, et Meryon entreprend un dessin avant de réaliser le tableau. Il travaille depuis près de trois mois, et il laisse le crayon pour prendre la plume. Il a su que son ami voulait quitter la Marine pour passer ses examens de médecin, il comprend sa décision, et il a fait le rêve que tous deux pourront s'installer ensemble. Il montre naïvement une nature affectueuse, désireuse d'appui : « A deux, la philosophie est possible, on s'entr'aide, on s'encourage, on partage peine et plaisir. Les bonnes pensées versées dans un cœur ami doublent leur charme, leur valeur; les douleurs communiquées n'en sont pour ainsi dire plus... » Il reconnaît que c'est un beau rêve égoïste, que Foleÿ ne peut quitter un père, une mère, des sœurs. Pour lui, Meryon, il est isolé, il lui faut, s'il est courageux, affronter le malheur. Pourtant, médecin et artiste pourraient mener ensemble une vie d'occupations heureuses ! Meryon décrit cette vie avec une joie juvénile. Son ami l'aurait instruit, et lui aurait cherché à récréer l'esprit et les yeux de son ami. Une même statuette, un même écorché auraient servi leurs études à tous deux : « La Science et l'Art, dit-il, doivent marcher ensemble. Beaux projets ! soupire-t-il, presque irréalisables dans cette vie trop positive où l'on est trop souvent forcé de suivre le courant dans lequel on s'est jeté d'abord. » Meryon informe ensuite son correspondant qu'il a rendu visite à sa famille et qu'il aidera celle-ci à installer le cabinet de curiosités rapportées de ses voyages par le jeune officier de marine. Enfin, il revient sur son travail pour en préciser les objets. C'est, dit-il, un grand dessin, une scène de la Nouvelle-Zélande.

Et cela le conduit à formuler ses idées sur l'art. Sa modestie de débutant est grande, et cette modestie, d'ailleurs, il la gardera toute sa vie, même lorsqu'il créera ses chefs-d'œuvre des pierres du vieux Paris, évoquées dans l'espace. Il pense que le « genre noble, élevé, vraiment moral, est le plus digne d'envie : seul, il ne laisse point d'amères pensées, seul il doit procurer des jouissances durables ». Comme exemple du genre « élevé », il allègue une gravure d'après un tableau d'Ary Scheffer, *Christus consolator* : « En s'initiant, dit-il, aux douleurs de ces nobles figures qui viennent implorer le secours de l'Homme-Dieu, on se sent venir des larmes ! Ce tableau donne, ce me semble, une juste idée de la hauteur à laquelle l'Art peut prétendre.

20

Il paraît impossible que l'auteur d'une pareille composition n'ait pas
le cœur souverainement sensible. » Par opposition, Meryon marque
de discrédit les charges, les caricatures, bien que le rire soit permis et
nécessaire, et il revient encore sur Gavarni, auquel il dénie les études
sérieuses, malgré tout ce qu'il lui reconnaît d'esprit, de verve, d'originalité, de talent. Il aurait été bien étonné s'il avait pu apercevoir un
avenir où les images de Gavarni l'emporteraient sur les conceptions
idéalistes, religioso-philosophiques, et d'ailleurs respectables, d'Ary
Scheffer.

Toute cette correspondance de Meryon est marquée d'un caractère
de gentillesse presque enfantine, soit qu'il s'excuse de la rareté de ses
visites aux parents de son ami, soit qu'il refuse, avant d'en être digne
par son travail, les cadeaux de vins d'Espagne, qu'il désigne comme
des « précieux liquides ».

Le tableau auquel songeait Meryon depuis sa libération de la
marine, et dont il a commencé et continué l'exécution en 1847-48, a
pour sujet : « L'Assassinat de Marion Dufrène, capitaine du *Brûlot*, dans
la baie des Iles, Nouvelle-Zélande, le 12 août 1772. » Il ne fit que le carton
de cette composition de six pieds de large. C'est un paysage d'eau et de
palmes, avec un bateau à l'ancre. Le capitaine, descendu à terre, est
assis devant un groupe de femmes et d'hommes. Une des femmes lui
offre une perruche, une autre se lève, tandis qu'un noir brandit un
casse-tête derrière Marion Dufrène, va lui briser le crâne. Des noirs
ont des gestes d'effroi. Le dessin fut admis au Salon de 1848. On a pu
en voir une reproduction dans la brochure d'Aglaüs Bouvenne sur
Meryon (*Notes et souvenirs sur Charles Meryon*, par Aglaüs Bouvenne,
Paris, imprimerie Lemercier, 1883) par une photogravure faite chez
l'imprimeur Lemercier et reprise à l'eau-forte par Victor Focillon.
J'ai vu l'original chez le Dr Foleÿ, l'ai revu chez Charles Foleÿ,
et j'y ai vérifié l'exactitude de la description psychologique faite par
Meryon lui-même dans une lettre à Foleÿ du 29 avril 1848, où il
apprend à son ami que son dessin fini a été collé, encadré, porté
au Louvre (où se tenait le Salon). Il dit le sujet et décrit l'œuvre. Il
formule que le crime agit spontanément sur les personnages présents.
Le capitaine est tranquille au milieu des naturels. Une jeune fille lui
offre traîtreusement une perruche pendant que l'assassin lève l'arme

LA MORT DE MARION DUFRÊNE

qui va le tuer. Une femme se lève précipitamment, une autre ne peut se défendre d'un mouvement nerveux que Meryon dit avoir cherché à rendre dans le bras et dans la main, et qu'il a rendu en effet. Un chef âgé paraît frappé de compassion, un second va se lever pour aider au crime, un troisième reste froid et impassible. A la droite de Marion, un naturel tient aussi un casse-tête. A sa gauche, un mousse et une petite fille. Au second plan, un noir danse d'une manière grotesque et féroce. De même, au second plan, une jeune fille entraîne un des officiers de la suite de Marion. Au loin, quelques matelots et le canot du capitaine. Meryon décrit aussi avec minutie la construction à piliers qui occupe une partie de ce grand dessin de deux mètres de largeur et un mètre de hauteur, puis quelques objets, l'épée et le manteau de Marion Dufrène, un dragonnier, des fougères.

Quittant son œuvre, il célèbre les événements récents : le trône brûlé, la République proclamée. Il avoue, d'ailleurs, son peu de zèle pour les choses politiques. Et il revient à son dessin, pour répondre à son ami qu'en effet un sujet zélandais est déplacé à Paris. Il croit à des analogies avec les scènes des premiers habitants des Gaules, avec certains passages d'Homère. Il songe à des grandes scènes historiques. Il n'a pas encore découvert la poésie immédiate de la ville qu'il habite, mais il est solitaire et triste, il ressentira un jour l'influence des spectacles muets qu'il aura longtemps contemplés. L'heure n'a pas sonné de l'éclosion de son génie profond et contemplatif. Il est encore jeune, il pense aux plaisirs possibles, aux joies de la danse. « Mais je crois voir avec peine, soupire-t-il, que je n'aurai jamais ce bonheur là. Quoi de plus doux que d'être, à la faveur de cette muse, admis à presser la taille élégante d'une jeune fille, que dans toute autre occasion, il est défendu de regarder en face ? Dans tous les cas, il me faut me dépêcher, si je veux jouir encore de ce privilège-là, car les années marchent, marchent, la barbe pousse, l'on devient bientôt un grison ridicule, surtout quand, comme moi, on n'est plus qu'une partie étiolée de soi-même. »

Il n'avoue pas seulement la crainte de vieillir, il commence à sentir, sinon la misère, du moins la gêne, il espère un peu de philosophie, il veut rompre avec « dame Paresse » qu'il qualifie de sale courtisane, il prévoit qu'il pourrait se trouver bientôt sur le pavé. Il disserte ensuite sur la démission possible de Foley, et il termine par cette nouvelle : « Jeudi 1 mai, l'Assemblée Nationale se constitue, et le 10 aura lieu la grande fête du Champ-de-Mars. »

La lettre suivante, du 5 septembre 1848, s'excuse sur le retard de la correspondance. C'est une « torpeur de couleuvre » qui empêche Meryon de se manifester par quelque signe de vie extérieure. Nonchalance, apathie, esprit malade, imbécillité de caractère, — ainsi se définit Meryon. Il se punit en ne s'accordant aucune des jouissances dont il n'est pas digne. C'est seulement quand il a travaillé qu'il ose montrer sa face « qui n'est plus contractée par les rides du triste ennui. » Il se réjouit alors, très gentiment, que son ami doive aborder à Constantinople, qu'il aimerait visiter. Il le loue pour sa profession « qui est peut-être la seule dans laquelle on trouve encore de la Loyauté, de la Noblesse, de la Générosité. » Pour lui, il est certain qu'il est plutôt fait « pour manier un crayon qu'un porte-voix ou qu'une épée. » Il s'intéresse pourtant toujours aux choses de marine : « L'habit de grande tenue supprimé, plus d'épaulettes à la mer, etc. Depuis ces événements de Février, Paris a pris un aspect marin goudronné ! Dans les rues vivantes, dans les promenades, on ne manque jamais de rencontrer force marins pimpants, fumant comme des vapeurs, ornés d'ancres de bossoir en guise d'épingles de cravate, portant chapeau ciré sur le fin bout du crâne... »

OCÉANIE : PÊCHE AUX PALMES
EAU-FORTE DE MERYON (1863)

VI. — ENFIN, L'EAU-FORTE! — EUGÈNE BLÉRY. — LE SALON DE 1848.
SAISON A FORGES. — LE CONCOURS DE LA RÉPUBLIQUE.

Enfin, dans cette même lettre du 5 septembre 1848, Meryon aborde
le sujet par lequel ce pauvre artiste alors végétant conquerra la postérité. Il ne se tournera pas vers la Peinture, qui lui paraît inabordable,
privé qu'il est de certaines qualités visuelles nécessaires. C'est vers
l'Eau-forte qu'il dirige ses soins! Enfin! Il a rencontré, dit-il, un homme
de talent, M. Bléry, qui l'aide puissamment de son exemple et de ses
conseils. C'est chez M. Schultz, amateur demeurant rue Saint-André-
des-Arts, qu'il a vu des eaux-fortes d'Eugène Bléry, lequel fut en effet
un talent de la pointe fine, apte à configurer les nuages, les feuillages,
les accidents du sol.

Meryon a voulu le voir, lui demander des conseils, et il connaît
alors les difficultés de la gravure : il faut la pureté du dessin, la science
positive, le don de la composition. Et quand il a énuméré ces qualités
nécessaires, il estime qu'il est difficile de vivre exclusivement d'un
tel art. Il cite comme exemple Bléry son maître, et il conclut que s'il
échoue dans son entreprise, il se rejettera sur la lithographie.

Il écrit ensuite, avec simplicité, un compte rendu du Salon de 1848.
Il cite Delacroix, Gérôme, Meissonier, Adolphe Leleux, Rosa Bonheur,
Yvon. Un des plus beaux tableaux de Delacroix, « au dire de la masse »,
était la *Mise du Christ au tombeau*. « Une tristesse profonde régnait
en effet dans cette œuvre, dit-il, à laquelle le sombre du coloris ajou-
tait un puissant effet. Un autre, le meurtre de Valentin *(Faust)* attirait
encore le spectateur par des charmes indicibles. On remarquait aussi
deux petites toiles représentant des lions. » Il trouve ensuite bien
remarquable les œuvres de Gérôme, trouve que la pureté et la
recherche du dessin, la poétique des formes, « rappellent le maître
divin Raphaël. » Il est aussi hyperbolique pour les dessins d'Yvon qui
lui font évoquer Michel-Ange! Il est d'appréciation plus exacte devant
Meissonier et ses soldats Moyen-Age jouant aux dés sur un tambour.
« Chez eux, dit-il, l'extrême délicatesse n'exclue pas la vigueur, le
hardi de la touche, l'étude consciencieuse des détails les plus ténus.

Ainsi les mains de ses soldats sont traitées comme elles le seraient sur une toile de grande dimension. Ce sont bien des mains de guerriers, bien brunes, bien osseuses, bien fortes et nerveuses. » Pour Rosa Bonheur, « malgré son nom parfumé, c'est une maîtresse femme qui touche le taureau de vigoureuse main et rendrait des points à Brascassat. »

Il s'analyse de nouveau sur l'impossibilité où il est de s'occuper du jeune frère de Foleÿ. Il ne peut être le conseiller de qui que ce soit, il n'est, pour cela, ni assez sage, ni assez communicatif, ni assez fort. Il est trop ours. Le bon sens n'est pas abondant chez lui. Ses conseils pourraient être traités de ridicules. Il ne peut se charger d'un devoir dont il s'acquitterait indubitablement fort mal. Il est presque insociable.

Cela ne l'empêche pas d'annoncer son départ pour Forges, où il doit passer un mois en compagnie d'une dame de ses amies à laquelle il doit beaucoup. Il n'y a rien là d'ailleurs d'inconciliable : les plus sauvages s'apprivoisent.

C'est au retour de Forges (Seine-Inférieure), où il a passé six semaines, qu'il décrit sa saison à Foleÿ, par une lettre du 2 décembre 1848. Le pays n'est ni beau, ni gai, mais très monotone, avec des petits bois décorés du nom de forêts. Les sources, la Royale, la Reinette et la Cardinale, y sont ferrugineuses, avec le goût d'un mélange d'eau et d'encre. Meryon n'a pas voulu perdre son temps, il a étudié quelques arbres et a rapporté quelques dessins dont il n'est guère satisfait. Encore a-t-il eu, dit-il, le courage de les poursuivre : « Dans les arts comme partout, la Persévérance est de rigueur, il ne faut pas se rebuter de l'insuccès. » Voilà une formule qui donne déjà le secret de l'art attentif et tenace de Meryon. On regrette, quoi qu'il en pense, de ne pas connaître ces études d'arbres de Forges. Des portraits d'arbres de Meryon, qui devait bientôt faire si bien le portrait des pierres, cela ne pouvait manquer de sensibilité.

Après des souhaits de santé et des nouvelles de parents et d'amis, Meryon annonce son changement de domicile. Il quitte le 12 de la rue Saint-André-des-Arts, pour le 2 de la rue Hautefeuille, mais il n'y reste guère, il est presque fixé chez Bléry qui lui a prêté une petite chambre pour travailler. Il s'y adonne à l'eau-forte, genre négligé, supplanté

LE VIEUX CHÊNE DU BOIS DE BOULOGNE

EAU-FORTE DE BLÉRY (1865)

par la lithographie. Il ne médit pas de la lithographie ; rien, à son avis, n'approche du gras de sa touche. Cependant, il proclame que l'avantage doit rester à l'eau-forte, dont il célèbre la finesse, la vigueur, la franchise. « Rembrandt, dit-il, est le maître par excellence » par la puissance de ses effets. Il cite aussi Callot qui a excellé dans les petites figures. Et il évoque, à leur suite, bon nombre de maîtres célèbres, qui tous à ce talent joignaient celui de la Peinture, « le *nec plus ultra* de l'imitation de la Nature. « Vous voyez, conclut-il modestement, que c'est encore élever mes prétentions bien haut que de me frotter à ce genre ; puissé-je ne pas éprouver trop de déboires ! »

Il donne son appréciation sur son grand dessin de l'*Assassinat du capitaine Marion Dufrène*. Il est revenu du Salon, il est dans sa chambre à coucher. La composition en a généralement été trouvée bonne. Il y voit certains défauts, il estime que c'est surtout sous le rapport anatomique qu'il pèche. L'étude du nu est très longue et très difficile, et il continue à se juger et à se sous-estimer : « On sent bien, dit-il, que je n'ai pas fait d'études sérieuses. » D'un sujet, qui lui a été conseillé par Foleÿ, et qu'il n'a pas traité, la *Pêche de la baleine*, il passe aux peintres de sujets maritimes : le maître par excellence est, pour lui, Gudin, et après lui viennent Isabey, Garneray, Lepoitevin, Biard... mais il estime que les arts languissent d'une terrible manière, et qu'ils dorment peut-être pour bien longtemps, que la grande Peinture est presque sapée par sa base, et que, « par le temps qui court, il faut vivre d'espérance ».

Il est allé voir l'Exposition des esquisses de la République à l'École des Beaux-Arts. Il y a distingué une vingtaine de toiles dignes d'attention. Flandrin avait une République, grande et noble femme, aux ailes déployées, tenant l'épée et la branche d'olivier, écrasant le Serpent de la tyrannie. Il cite aussi les esquisses de Gérôme et de Picou, et il décrit ces symboles : le lion tenant entre ses pattes puissantes le manteau royal fleurdelysé ; les deux enfants, l'européen et l'africain ; les génies des sciences et des arts. Lui aussi, avait commencé une esquisse, et voici son allégorie : « Deux jeunes enfants de cinq à six ans, emblème d'innocence, courent entrelacés, propageant par leur exemple les saintes doctrines de la Fraternité. Le petit garçon est entièrement nu. Une étoffe légère recouvre une partie du corps de la petite fille. De la main droite, le premier tient un étendard aux trois couleurs dont les bouts reviennent dans la main gauche de la petite fille. Gonflé par la vitesse de la course, le pavillon réunit le jeune couple sous une arcade tricolore. Une arme inoffensive pend sur les reins de l'enfant. A gauche du tableau, le soleil levant éclaire la campagne et dore de ses rayons le clocher (Religion) et les ailes d'un moulin (Agriculture). Enfin, en bas, pour titre, sont inscrits les mots : Liberté, Égalité, Fraternité. Liberté (courant par les champs). Égalité (égaux par la taille et par l'âge). Fraternité (frère et sœur). »

Cette peinture à intentions est perdue, mais elle n'aurait sans doute pas ajouté à la gloire de Meryon. Il joint heureusement à sa description sa seconde eau-forte, et bien que ce ne soit qu'une copie d'après une gravure de Loutherbourg, il commence à graver son destin sur le cuivre solide, qui survivra à ses projets de peintures, et qui fera rayonner son nom dans l'avenir.

VII. — ESSAIS D'EAU-FORTE D'APRÈS PHILIPPE DE CHAMPAIGNE, LOUTHERBOURG, SALVATOR ROSA, KAREL DU JARDIN, ADRIEN VAN DE VELDE. — THÉORIES DE MERYON SUR LA PEINTURE ET LA GRAVURE.

La première eau-forte, ou plutôt le premier essai d'eau-forte de Meryon, exécuté en 1849 sous la direction d'Eugène Bléry, avait été la copie d'une miniature de M**lle** Élise Bruyère, élève de Van Daël, d'après Philippe de Champaigne. Il n'en existe peut-être qu'une épreuve, dans la collection de M. Howard Mansfield, à New-York, et le cuivre a été détruit. L'image est banale, malgré l'opinion de Burty, mais l'on y sent une main de graveur, malgré l'opinion de Meryon. C'est un Christ bellâtre, chevelu et auréolé, grands yeux, bouche lippue, type parfait d'imagerie religieuse. Mais ceci ne regarde pas le graveur, probablement exact. Ce qui est de lui, c'est la qualité des noirs, le dessin ferme de la couronne d'épines.

C'est aussi de 1849, mais d'une vision directe et fine, le portrait

LA SAINTE FACE

D'APRÈS PHILIPPE DE CHAMPAIGNE

dessiné par Meryon de son ami Edmond de Courtives, élève en pharmacie, auteur d'une thèse sur le haschisch. Meryon l'avait représenté à mi-corps, ayant près de lui un violon et quelques ustensiles de chimie, mais il trouva ce dessin gauche et ne garda dans un cadre circulaire que le visage au front chevelu, aux beaux yeux, au visage triste.

Les essais, d'après des gravures, continuèrent par la *Vache et l'Anon*, de Loutherbourg. L'intelligence du graveur est indéniable, par le mouvement des deux animaux, l'agitation de la queue de la vache, l'air nouveau-né de l'ânon, petit corps rond, grosse tête, pattes fléchissantes, et l'aspect poilu, bourru, des pelages. Et voici d'autres copies de gravures, encore :

Le *Soldat de profil*, gravé d'après une eau-forte de Salvator Rosa, est un lansquenet, coiffé de la salade, protégé par une cuirasse et des cuissards, une large et longue épée au côté, les deux mains appuyées au bois d'une lance. Toujours la même écriture ferme de graveur. Meryon a trouvé immédiatement son métier.

Un *Soldat de face*, aussi d'après Salvator Rosa, a la tunique retroussée sur des jambes musculeuses, les pieds nus, un glaive au côté, les deux mains appuyées sur une courte lance.

Avec le *Mouton et les Mouches*, d'après Karel du Jardin, de la même exactitude de dessin, Meryon se révèle copiste impeccable, d'une acuité de vision rare, par les pattes frêles du mouton, sa toison épaisse, sa physionomie bêlante sous l'essaim des mouches qui le tourmentent.

Avec la seconde étude, d'après Karel Dujardin : les *Trois Cochons couchés devant l'étable*, Meryon est l'interprète fidèle des animaliers hollandais par cette planche grise, la cabane de la porcherie, l'auge où boit un pourceau, et ces trois autres couchés, les flancs rebondis, le petit œil demi-guetteur, le groin froncé et reniflant.

Les *Deux Chevaux* est la troisième étude gravée d'après Karel Dujardin. L'un est debout, l'autre couché, tous deux de forte ossature, de lourde corpulence.

Dans le manuscrit rédigé à la suite de l'étude de Philippe Burty, parue dans la *Gazette des Beaux-Arts* (les 1er et 15 juin 1863), manuscrit qui a pour titre : « Mes observations sur l'article de la *Gazette des Beaux-Arts* », Meryon juge ainsi les trois eaux-fortes d'essai d'après Karel Dujardin : « La première (le Mouton) est la plus mauvaise ; il y a des duretés qui sautent aux yeux dans la troisième (les Deux Chevaux) ; celle intermédiaire est passable (les Trois Cochons). »

C'est Bléry qui a vraisemblablement indiqué à Meryon les eaux-fortes des artistes flamands, comme des sujets d'étude. Avec Loutherbourg et Karel Dujardin, l'apprenti graveur copie une gravure d'Adrien Van de Velde : la *Brebis et les deux Agneaux*, et il y apporte encore le soin et l'exactitude. La brebis se prête à la tétée de l'agneau, avide et crispé, les pattes fléchissantes, les oreilles rabattues. Un autre agneau dort à l'ombre d'un arbuste.

Sur ces premiers travaux, les lettres de Meryon à Foley sont renseignantes. Le 7 mars 1849, il envoie avec sa lettre deux nouvelles eaux-fortes, copies d'après des gravures de Karel Dujardin, paysagiste et peintre d'animaux. Il n'a cherché qu'à donner l'idée exacte des pièces originales, représentations de chevaux et de pourceaux. Il explique qu'il a fait ces copies pour se mettre au courant de ce qu'on appelle le métier, et que, dans quelque temps,

EDMOND DE COURTIVES
PAR C. MÉRYON

il pourra peut-être envoyer à son correspondant l'un de ses propres dessins.

Il a renoncé à la peinture pour plusieurs motifs qu'il énumère ainsi : « 1° Parce que, comme je crois vous l'avoir dit, j'ai bien certainement dans la vue un défaut d'organisation qui fait que certaines couleurs, bien différentes pour tout le monde, se confondent chez moi. C'est assez singulier, mais c'est très vrai, et vous concevez que ce n'est qu'à mon bien grand regret que j'ai acquis la certitude

LA VACHE ET L'ÂNON

de ce défaut ; 2° Parce que la peinture exige de bien longues études, ce qui nécessite, sinon de la fortune, au moins une certaine aisance qui puisse laisser l'esprit libre des besoins incessants de la vie ; 3° Enfin, parce qu'ayant eu le bonheur de faire la rencontre d'un homme de talent qui m'a offert et son amitié et ses conseils, j'ai cru ne pas devoir laisser échapper une occasion qui me mette peut-être à même de poursuivre une carrière qui est loin de manquer de charmes. »

De la peinture, il passe à la gravure. Il défend la gravure de reproduction contre le reproche de servilité. C'est, dit-il, une traduction et non une copie. L'eau-forte est un dessin, plutôt qu'une gravure. Et il

LE MOUTON ET LES MOUCHES

LA BREBIS ET LES DEUX AGNEAUX

passe à l'Art, qui n'a jamais été autant adulé, mais qu'il estime en
décadence. Il se répand en considérations sur la nature humaine qui
change peu ou point, le Créateur ayant mis des limites infranchis-

C. MERYON SC.   D'APRÈS KAREL DU JARDIN

LES TROIS COCHONS DEVANT L'ÉTABLE

sables à son esprit. Les hommes ont besoin d'un frein. Sans cela, tout
n'est que licence, dévastation, abus de tous genres, règne complet des
passions brutales. Et Meryon estime que l'époque est toute de confusion, de pêle-mêle universel, que chacun tire de son côté, veut tout

avoir, tout faire, d'où il résulte qu'on n'a rien, qu'on ne fait rien. La
nature repose sur l'Inégalité, il y a dans l'espace de « gros corps »
autour desquels gravitent les petits, et aucun ne sort de sa sphère.

LES DEUX CHEVAUX

Les grands protègent les petits, les petits font par leur entourage la
puissance des grands. Ce détour dans l'espace ramène Meryon à la
situation des artistes : autrefois, sous le toit tutélaire des Puissants,
ils pouvaient se livrer sans arrière-pensée à l'exercice et à la perfection

de leur talent. L'espoir seul du gain ne les faisait point agir : l'ambition, le désir de briller, les tenaient en haleine. Et Meryon s'indigne de voir que l'argent est devenu le mobile de tout, qu'il faut travailler vite, sans réflexion, sans soin, que l'Art est vénal et devient nul. Les intelligences ne manquent pas, ce qui manque, c'est le repos, la tranquillité d'esprit que la « Protection seule procure ». Il conclut que le plus noble sujet offert à l'imagination des hommes est le Christ. Ce qui ne l'empêche pas de parler avec une sorte de sympathie de la Révolution, comme si Jésus-Christ était un homme de 48. Il ne s'oppose pas à l'idée émise par Foleÿ que l'artiste peut être un précurseur de civilisation, et son ami lui ayant suggéré une allégorie, il proclame celle-ci belle et rationnelle, exigeant un grand peintre tel que M. Ingres, par exemple. Les petits, dit-il, s'y briseraient mille fois. Et il retombe sur la question d'argent, sur la nécessité de vivre, sur le manque de temps.

Il ajoute à sa lettre un N. B. concernant les gravures qu'il envoie et dont il a été obligé de réduire les marges, et il explique gentiment : « Ordinairement, il faut toujours qu'une gravure porte avec elle l'empreinte du cuivre (ce qu'on appelle les témoins). Celles-ci les ont perdus. Collez-les donc sur des feuilles de papier blanc par les deux coins supérieurs en leur donnant environ trois pouces de marge, et quatre en bas. Ces détails sont minutieux, les gravures ne valent guère la peine de tant de soins, mais enfin il faut faire les choses aussi bien que possible. Je compte plus tard vous en envoyer d'autres. Adieu. » Et il signe en donnant son adresse chez M. Bléry, place Saint-André-des-Arts, n° 11.

VIII. — LA NOSTALGIE DU MARIN CÈDE A LA SCIENCE DU GRAVEUR

Après une courte lettre, écrite au début de 1849, celle du 20 mai 1849 est la plus belle lettre de Meryon de toute cette série. Elle a trait tout d'abord à la résolution bien arrêtée de Foleÿ de donner sa démission de la marine. Meryon l'adjure de s'armer de courage pour quitter l'épaulette. Il y a un sentiment à la Vigny dans ce qu'il dit des tortures auxquelles on peut être soumis dans le métier militaire, et il prononce ces fortes paroles : « Le grand nombre des gens que vous fréquenterez ne vous tiendront aucun compte de votre passé, des sacrifices que votre raison, votre cœur, l'estime de vous-même vous auront fait faire. Vous savez qu'ici-bas tout ce qui luit au soleil séduit et entraine la foule. Vous savez que de toutes les carrières, la plus considérée, sans contredit (ne vous y trompez pas), est celle des armes ; cette vérité est surtout palpable dans les grandes crises, comme celle dont nous venons d'être témoins, dans lesquelles la

CROQUIS DE BATEAUX, PAR MÉRYON

valeur, l'audace, l'énergie sont tout. Alors pâlit l'étoile des savants, des hommes de lettres, des artistes, tout s'éclipse devant les Feux de la Force militaire. Je crois pouvoir vous prévenir d'un vide qu'occasionnera chez vous l'abandon de votre épaulette... »

Et le voici qui s'abandonne à ses réflexions, lesquelles aboutissent à une rêverie nostalgique de marin : « Ce vide pourrait s'expliquer de différentes manières et doit provenir de plusieurs causes. Je lisais dernièrement quelques pensées d'une noble dame, lady Hester (Esther) Stanhope, et entre autres choses, je crois me rappeler qu'elle dit quelque part qu'il y a plus de poésie dans les actions elles-mêmes, dans leur exécution matérielle, que dans leur interprétation, que dans les méditations auxquelles elles peuvent donner lieu. Cela est vrai, et vous le trouverez aussi, je pense. C'est ce qui fait dire à Béranger dans une préface de ses œuvres que Napoléon est le plus grand poète de son époque. Et, en effet, il n'y a qu'un cœur grand comme le sien, qu'une pensée noble comme la sienne, qui puissent avoir exécuté d'aussi gigantesques projets. Ainsi le marin qui a passé des années sur le vaste, le fier Océan, qui a vu le vent impétueux dompté par sa force, qui a senti courir sous ses pieds le robuste navire s'inclinant sous la brise, mais la refoulant ; celui qui a vu ces immenses solitudes où domine seul le brillant soleil, dont les rayons engendrent à chaque instant d'imposants spectacles dans le ciel et la mer, qui a vu ces falaises à la fois si petites et si grandes, que la mer bat de ses coups redoublés en froissant l'air de vibrations mélodieuses, celui-là, dis-je, quand revenu de ses excursions lointaines, dans quelque ville de l'intérieur, quelque grande qu'elle soit, trouvera tout bien petit. »

Il avoue qu'il a le désir, dans quelques années, de faire une tournée libre où il puisse voir et la mer et les côtes.

Il est loin de cette réalisation, et il décrit, en termes touchants, la vie qu'il mène : « Dans le moment présent, je ne suis pas très heureux, je ralingue passablement ; mais j'ai encore un assez bon fonds de philosophie pour me mettre au-dessus de toutes ces petites misères qui peuvent ne pas être éternelles. Je trouve de la consolation dans mon travail. Je me dis que si je n'avais pas quitté la marine, je serais probablement encore moins heureux. J'ai fait la rencontre d'un homme de talent que j'estime et que j'aime, et quand je songe à son courage et à sa persévérance, à la manière pleine de philosophie dont il supporte parfois les petits coups de la Fortune, ma foi, je trouve que je ne suis point à plaindre. J'ai quelques sous qui me laissent assez d'indépendance pour ne faire à peu près que ce que je veux. Je suis modestement vêtu, je partage la table frugale de mon ami et maître, sors quand je le désire, travaille suivant les conseils qu'on me donne et mes propres idées ; me récrée de la fréquentation d'un petit nombre d'amis, d'une correspondance intime, mais restreinte, de la vue des œuvres des Maîtres ; lis peu pour le moment et repasse enfin souvent dans mes souvenirs les anciens amis qu'un jour je reverrai peut-être. Quant à la considération qu'on peut m'accorder, elle a baissé d'une manière notable depuis que j'ai donné ma démission ; mais, ma foi, je m'en console, en songeant que je n'ai véritablement agi que suivant ma conscience. Si j'avais seulement deux mille francs de rente, je crois que je serais fort heureux. »

Il aborde alors des considérations sur l'eau-forte et les sujets qu'elle peut traiter. Il nomme Hoffmann, Gœthe, Shakespeare, comme

CROQUIS DE BATEAUX, PAR MERYON

inspirateurs indiqués. Il témoigne d'un parfait éclectisme, s'en rapporte, pour les œuvres d'art de la peinture, aux réputations faites, même si elles sont contestées, se met à l'abri de l'opinion du Poussin, déclarant que jamais toutes les qualités ne sont concentrées sur la tête d'un seul, qu'il faut les chercher partout, les admirer partout, rendre à chacun ce que de droit. Il se rend compte de la science qui est nécessaire pour apprécier les beautés d'une œuvre : Gœthe n'a-t-il pas travaillé pendant vingt années à l'élaboration de *Faust* ? Et Léonard de Vinci ? Et Léopold Robert ? ajoute-t-il. Et Jean-Jacques Rousseau ?

A propos de Raphaël, il aborde la question de technique. Bien que la beauté de ses œuvres ne le frappe pas bien, dit-il, il le tient néanmoins pour le premier des peintres, « en attendant qu'une connaissance plus intime des choses » lui permette de reconnaître sa supériorité, — ce qu'il fait, d'ailleurs, en admirant sa simplicité de composition, sa pureté de formes, sa correction de dessin, sa suavité d'expression dans ses têtes de femmes et d'enfants. Quelle difficulté ces derniers ne doivent-ils pas présenter ? Comment forcer l'enfance à l'immobilité ? Comment lui commander de fixer sur ses traits les signes si fugitifs de la joie, du chagrin, ou de la crainte ? Où trouver une femme, une jeune fille dont la candeur, la simplicité puisse répondre à l'idée sublime d'une vierge-mère. Et Meryon croit encore qu'une des qualités éminentes de Raphaël est la pureté du modelé : « Quand un objet quelconque se présente à nos yeux, n'est-il pas vrai que la lumière colore chacun de ses points d'une couleur et d'une intensité de tons différents ? En raison d'abord de la distance du point lumineux et ensuite de celle de l'œil à chacun de ces points ? Et puis le jeu de la lumière sur cet objet n'est-il pas contrarié de mille manières par les corps environnants ? » On voit que Meryon fait ici non seulement la théorie du modelé, mais aussi celle du reflet. Il termine cette digression sur la peinture en énumérant les qualités qui font de Raphaël le premier des peintres, et il trouve les mêmes causes, « à une moindre élévation », pour justifier la réputation de M. Ingres.

Il passe à la gravure, définit le travail au burin et à l'eau-forte, explique à son ami comment on dessine sur le cuivre ou sur l'acier enduit d'un vernis qu'on enlève au moyen d'une pointe, et comment l'eau-forte versée sur ce vernis mord le métal partout où le vernis a été découvert. Si l'artiste a besoin d'intelligence, de science, d'une instruction solide, et aussi du sentiment (ce qui, dit Meryon, s'acquiert difficilement), on aurait grand tort de négliger ce qui tient à l'exécution. Si l'éducation morale doit donner à l'artiste des moyens d'influence sur son époque, il lui faut aussi la science positive du corps humain, l'étude constante des effets physiques de ses passions, la science de l'anatomiste et celle de Lavater. Ce qu'on appelle « occupation manuelle » n'en devient plus une, quand c'est la tête qui guide la main. Même quand on copie, on a besoin d'une attention soutenue, pour l'observation des directions, l'intensité des coups de crayon ou de pinceau.

« Je veux bien, — conclut-il,   que l'exécution ne soit que l'A B C du
talent, oui, mais elle est de toute nécessité ; c'est par là même que
l'artiste doit commencer, puisque c'est le moyen d'expression de son
langage. »

C'est l'évidence même, et Meryon insiste, veut que l'artiste, avant
de choisir les idées qu'il interprétera, soit certain que sa main pourra
traduire ses pensées. L'exécution, importance première dans les arts,
— répète-t-il encore.

Dans cette lettre vraiment expressive de la nature sensible et
raisonnante de Meryon, il aborde le sujet controversé du Progrès. Son
correspondant lui a affirmé que les hommes vont toujours se perfec-
tionnant, qu'ils ne sauraient rétrograder. Meryon croit le contraire
possible. La pensée peut planer, mais elle peut se perdre. Il voit dans
les sociétés différentes ou successives une sorte d' « équilibre constant »,
une sorte de « compensation » qui fait qu'elles perdent presque
toujours d'un côté ce qu'elles gagnent de l'autre. Il voit le mal, comme
le bien, marcher à la suite de l'homme. L'homme est roi de la Terre,
mais sa présence se manifeste souvent par le mal : « Il y a, dans les
grands centres de civilisation, d'immenses trous à fumier où les vices
croissent à foison, comme champignons malfaisants ». Pour résumer,
Meryon se déclare fort embarrassé, et prudemment énonce que le bien
et le mal sont presque toujours amalgamés ensemble, que ce qu'on
appelle aujourd'hui Progrès n'est peut-être que Décadence.

Il fait allusion dans la dernière partie de sa lettre à un jeune
peintre qui devait décorer les murailles du Panthéon (Chenavard, sans
doute) et dont une esquisse de la Liberté n'était pas, au dire de
Meryon, pour donner une haute idée du talent de son auteur. Il conclut
que le frein est nécessaire pour l'art comme pour la politique, et que
la pénurie des grands artistes est due à la liberté illimitée proclamée
depuis Février. Il n'y a plus que désir de gain, cupidité, aveuglement
chez les uns, hésitation et timidité chez les autres. Ne laisseront
d'œuvres durables que ceux-là qui auront résisté à l'appât du lucre,
qui auront même souffert de la misère. Il en désigne un : « M. Ingres
est un de ces hommes, dans une sphère élevée : gloire lui soit rendue.
Ce sont de rares voiles sur l'Océan désert. » Il exprime l'espoir que
ses études pourront lui être profitables un jour, et il joint à sa lettre

MADAME A.-E. FOLEŸ
PAR ETEX

deux petites eaux-fortes, l'une est une copie d'une « gentille pièce de Loutherbourg », et « quant à l'autre, dit-il, vous pouvez la connaître. »

Meryon écrit encore à Edouard Foleÿ, enseigne de vaisseau, Grand'rue, 21, à Marly-le-Roi, plusieurs billets datés de 1849. Les deux amis se voient, n'échangent que quelques phrases d'invitations et de rendez-vous. Meryon habite alors, il en prévient Foleÿ, rue Neuve-Saint-Etienne-du-Mont, n° 26 (ancien 12). Ce n'est que « le cœur bien gros » qu'il s'est retiré de chez M. et Mme Bléry, mais il croyait sa présence une gêne en quelques circonstances. Il reste néanmoins en bons termes avec son maître en gravure, accompagne Mme Bléry chez son mari à Senlisse (Senlis) près de Dampierre, où il reste trois jours, par devoir, dit-il, plutôt que par besoin de se distraire.

C'est à ce moment, Foleÿ ayant quitté la marine, que se réalisa le rêve de Meryon d'habiter avec son ami. Foleÿ avait résisté aux objurgations de tous, même à l'avis de sa mère, et il avait loué rue des Fossés-Saint-Victor, une chambre qu'il munit d'un lit de fer, d'une fontaine, d'une table, de quatre chaises. Il prenait sa nourriture dans une pension du quartier, au prix de 70 francs par mois. Son blanchissage et son bain par semaine payés, il lui restait 5 francs par mois comme argent de poche,

ANTOINE-ÉDOUARD FOLEŸ
PAR ETEX

où se trouvait prise sa dépense de fumeur. Il mena sa vie de labeur
de 1849 à 1855, année où il fut reçu médecin, et sauf un temps de
vacances à Alger, chez son frère Edmond. C'est au cours de ces six
années qu'il vécut deux ans avec Meryon, entre 1850 et 1852. Ils
avaient loué ensemble trois pièces, unissant leurs ressources pécu-
niaires, travaillant, mangeant à la même pension.

C'est M*** Foleÿ qui inscrit ces détails dans ses « Souvenirs » dont
son fils Charles Foleÿ m'a si obligeamment communiqué les chapitres
qui concernent Meryon. On y voit poindre en action le dérangement
d'esprit de celui-ci. Le restaurateur chez lequel Foleÿ et Meryon
prenaient leurs repas avait une fillette de 12 à 14 ans, triste créature,
laide, rousse, pâle, scrofuleuse, qui inspira une passion à Meryon, bien
qu'il ne lui eût jamais adressé la parole. Il écrivit pour demander la
main de cette enfant malingre. Réponse négative. Meryon écrivit alors
une autre lettre, insensée, disant qu'il avait été l'amant de la mère et
qu'il devait épouser la fille. Foleÿ dut rassurer cette famille agitée par
une telle irruption.

Ces désordres d'esprit n'empêchaient pas la persistance des efforts
de Meryon, et il allait bientôt découvrir le sens de l'œuvre qui devait
l'immortaliser.

IX.   REYNIER NOOMS, DIT ZEEMAN, INITIATEUR D'ART
DE CHARLES MERYON

C'est encore une copie de gravure que le *Pavillon de Mademoiselle
avec une partie du Louvre*, d'après une estampe éditée à Amsterdam
vers 1650 par Clément de Jonghe et qui avait pour auteur l'aquafortiste Reynier Nooms, dit Zeeman, mais cette copie est décisive. Meryon
a été saisi par l'aspect des rives de la Seine, du pont, de l'architecture,
des nuages. Dans les « Observations » qu'il a écrites sur l'étude de
Burty, il révèle la « notable influence » que cette pièce a eue sur lui.
Feuilletant un jour un carton chez le marchand d'estampes Eugène
Vignères, son attention se fixa sur la scène représentée, ses détails
vivants, le brillant de son exécution. Il voulut la reproduire pour la
mieux goûter. Et c'est à ce moment que se précisa le projet qu'il

méditait vaguement d'entreprendre une suite de vues de Paris, dont la « Pompe Notre-Dame » devait être la première.

Meryon, qui a rédigé ses « Observations » avec un véritable sens critique s'exerçant sévèrement sur lui-même, dit de ses copies de Zeeman qu'elles n'ont pas, à beaucoup près, la naïveté, l'esprit et la fraîcheur des originaux. Il ne connaissait pas alors la manière d'exécuter de l'artiste qu'il choisissait comme initiateur, et il fit, d'après lui,

L'ENTRÉE DU FAUBOURG SAINT-MARCEAU A PARIS

quatre vues de Paris et plusieurs marines dans le but d'acquérir la pratique désirable des procédés du genre.

Quoi qu'il en dise, son *Pavillon de Mademoiselle* d'après Zeeman est, sauf le ciel, qui est creux, d'une jolie venue de décor et de personnages. La lumière et l'ombre indiquent savamment la massivité des pierres. Les mariniers, les passants, sont indiqués d'un trait spirituel, les barques sont bien posées sur l'eau et dans l'eau, au repos, ou en navigation. C'est un exercice, mais il est réussi, et c'est par lui, tout d'abord, que l'on pénètre dans l'œuvre proprement dite de Meryon.

Mais il a encore gravé sept autres gravures d'après le « Recueil de plusieurs navires et paysages faits d'après le naturel, par le marin Reynier Zeeman », suite publiée en 1850. Meryon considérera toujours Zeeman comme son initiateur d'art, en même temps qu'il considérera

Bléry comme son maitre de technique. Ces sept gravures ont été faites en 1850. Ce sont :

L'Entrée du Faubourg Saint-Marceau à Paris : de l'eau, la Bièvre, bordée de maisons basses, une route, un champ, d'autres maisons, soutenues par un remblai, des buttes, un ciel à peine indiqué.

Le *Moulin à eau près de Saint-Denis :* de l'eau et des roseaux, un défilé d'ânes, des constructions massives. C'est de cette pièce que

RIVIÈRE DE SEINE ET L'ANGLE DU MAIL, A PARIS

Meryon a dit qu'il s'y proposait de pousser l'action du mordant aussi loin que possible, et que de là vient l'excès de vigueur, la lourdeur de cette gravure.

La *Rivière de Seine et l'angle du Mail, à Paris :* la rivière chargée de barques, un enclos d'arbres en boules, traités d'une façon uniforme.

Avec le *Galiot de Jean de Vyl de Rotterdam,* d'après Zeeman, Meryon aborde les études de navires et de vagues.

De même, avec les *Bateaux de Harlem à Amsterdam :* très bel aspect de mer mouvementée, de bateaux inclinés sous le vent, toutes voiles dehors en avant d'un ciel où les nuages courent comme les bateaux, poussés par le même vent.

De même, avec les *Pêcheurs de la mer du Sud :* navires et barques au repos, voiles pendantes, sur une mer calme.

44

De même, avec les *Passagers de Calais à Flessingue* : deux navires à l'ancre, devant la falaise, une barque qui transporte les passagers, d'autres bateaux au fond.

C'est aussi en 1850 que Meryon a dessiné et gravé (essai d'eau-forte en aluminium) une admirable *Tête de chien de la Nouvelle-Hollande*, au long museau barbu, aux oreilles pointées en avant, aux

TÊTE DE CHIEN DE LA NOUVELLE-HOLLANDE

EAU-FORTE DE MERYON

yeux clos. Une reproduction de cette eau-forte a paru dans *Quatre années en Océanie, Histoire naturelle de l'homme, Mœurs et usages de certains Papous australiens*, par A.-E. Foleÿ. (Paris, Baillière et fils, 1876.)

X. — LA GRANDE PENSÉE DE MERYON : LES EAUX-FORTES SUR PARIS

En cette même année 1850, où Meryon copie les gravures des autres, il songe à la série d'eaux-fortes sur Paris, qui fondera à jamais sa gloire, et il grave *Notre-Dame et le Petit-Pont*.

Après avoir quitté Bléry, et la rue Saint-André-des-Arts, il occupe, rue Saint-Étienne-du-Mont, 26, le logis que Foleÿ a habité pendant deux années avec lui, un logis qu'a connu Burty, et que celui-ci

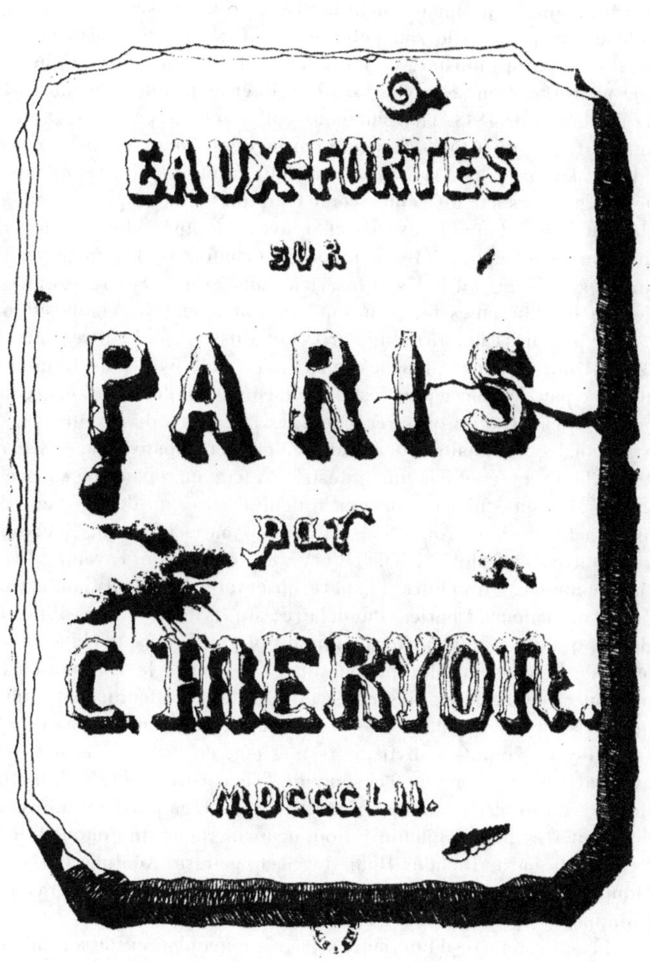

TITRE GRAVÉ PAR MERYON DES EAUX-FORTES SUR PARIS

décrit comme « un appartement dont les pièces basses, étroites et en enfilade, évoquaient le souvenir des cabines dans un vaisseau ». Il avait obtenu du ministère de l'Intérieur l'autorisation d'avoir chez lui une presse, car on se méfiait des imprimeries clandestines au sortir de l'agitation de 1848, et il eut pour collaborateur précieux, comme ami véritable, un artisan d'un goût éprouvé, un homme d'un caractère intègre, l'imprimeur Auguste Delâtre, qui tirait pour lui les épreuves de ses gravures sur un papier vergé d'un ton verdâtre qu'affectionnait Meryon et qui donnait aux aspects gravés une apparence de clair de lune, ou plutôt de lumière ancienne et surnaturelle. En même temps que Meryon évoquait Paris, il inscrivait aussi sur le cuivre des pièces de vers de différentes longueurs qui commentaient ses compositions.

Le plan des eaux-fortes de Paris était ainsi conçu. Le titre général : PARIS. Douze grandes planches réparties en trois livraisons, terminées chacune par une pièce plus restreinte formant cul-de-lampe, et accompagnées des strophes qui précisaient les intentions du rêveur.

L'affaire fut modestement lancée, et même pauvrement. En ce temps là, l'art n'était pas une industrie. Aucun marchand ne songea à lancer Meryon, qui n'est devenu valeur d'agio que depuis peu. Un imprimeur dévoué, Auguste Delâtre ; un marchand ami, Rochoux ; un maître modeste, Eugène Bléry ; un maître de l'avenir, Félix Bracquemond ; un peintre de sobre observation, Amand Gautier ; un poète divinateur, Charles Baudelaire ; un critique avisé, Philippe Burty ; quelques amis anciens comme Foley et Salicis, quelques amateurs de la vieille école, qui ne songeaient pas à la spéculation en palpant de leurs mains fiévreuses et délicates ces feuilles de papier qui ravissaient leur vue et leur esprit, ce fut tout l'entourage et toute l'aide de Meryon. Ces divinateurs méritent de passer à la postérité avec l'artiste qu'ils ont aimé et soutenu. Tels encore : Jules Niel, bibliothécaire du ministère de l'Intérieur ; A. Wasset, employé au ministère de la Guerre ; puis Benjamin Fillon, historiographe du Poitou et de la Vendée ; le baron Pichon ; Henri Le Secq, peintre ; Adolphe Parquez ; Monnerot ; le Dr Gachet ; Bonnardot ; Auguste Péquégnot, graveur ; Philippon.

Le ministère de l'Intérieur, à la recommandation de son bibliothécaire, Jules Niel, lequel avait fait accorder l'autorisation de la presse à domicile, souscrivit quelques exemplaires, qui sont peut-être encore enfouis dans les bibliothèques de province, ou qui ont figuré parmi les lots des loteries de bienfaisance officielle. La Chalcographie du Louvre refusa d'acheter les cuivres qui lui furent proposés par le graveur. La Ville de Paris ne fit rien pour son génial illustrateur.

C'est ainsi muni que Meryon, malade, pauvre, le cerveau exalté et mélancolique, se lança dans la mêlée artistique.

Il exposa ses eaux-fortes aux Salons annuels, de 1850 à 1855, sauf au Salon de 1853, où la *Galerie Notre-Dame* fut refusée. Il n'y obtint aucune récompense. La série fut déposée chez Vignères, chez Rochoux, chez Cadart, éditée à 25 et 30 francs. Chaque planche, prise séparément, se vendait 1 franc, 1 fr. 50, 2 francs, — ou plutôt ne se vendait pas.

Quand on ouvre le premier cahier des Eaux-fortes sur Paris, on comprend l'apprentissage chez Bléry et les essais d'après Philippe de Champaigne, Loutherbourg, Salvator Rosa, Karel Du Jardin, Adrien Van de Velde, en tout seize gravures exécutées en trois années (1849-51) avec un soin méticuleux, une patience que l'on devine sans bornes. C'est alors que Meryon aborde son œuvre, que l'on peut dire son Grand Œuvre, car il lui est infiniment personnel, n'a pas d'équivalent, et ne donne à regretter que l'interruption inexorable décidée sauvagement par l'état mental de l'artiste.

Il l'avait pourtant préparé avec amour. En 1852, il grave le Titre de la couverture : *Eaux-fortes sur Paris, par C. Meryon, MDCCCLII,* et il le grave en magnifiques lettres, épaisses et ombrées, sur une pierre dont il indique l'épaisseur par un trait d'ombre, et la vétusté par les bords dentelés, le fendillement et les maculatures, les angles usés. Burty note que les coquillages, les empreintes de mousse engagées dans le calcaire, rappellent que cette pierre a été choisie parmi les échantillons du sol primitif parisien, dans les carrières de Montmartre.

Ce titre prépare à merveille le spectateur aux aspects qu'il va contempler, d'un vieux Paris qui s'en va par ses vieilles pierres effritées, ses vieilles rues détruites, et qui résiste encore par les flèches, les tours, les façades de ses monuments, voués aussi, fatalement à la destruction par l'usure du temps, l'action des hommes avides de transformer et d'anéantir ce que les hommes ont édifié.

Sous cette couverture, imprimée sur papier gris, bleu ou vert, et qu'il est difficile de trouver aujourd'hui, le cuivre ayant été détruit, ont été publiées, en trois ans, de 1852 à 1854, les 22 eaux-fortes sur Paris.

XI. — L'ICONOGRAPHIE DE MERYON

La série des *Eaux-fortes sur Paris* s'ouvre par le portrait de Charles Meryon, dessiné et gravé par Bracquemond, rassemblant ainsi les noms des deux plus grands graveurs du xixe siècle. Bracquemond, de douze ans plus jeune que Meryon, a compris Meryon, a accepté son influence, prouvée par le *Battant de porte*, *Margot la Pie*, etc., gravures conçues dans la manière forte de Meryon. Il l'a acceptée aussi par ce portrait de Meryon, de la même manière que le titre de la série : un profil gravé, comme s'il était taillé dans la pierre, un morceau de pierre irrégulièrement façonné en médaillon retenu par des pitons. Là se profile âprement Meryon, le front bombé, proéminent, le nez flaireur en avant, la bouche rentrée, l'œil caverneux embusqué dans l'ombre, tout ce profil complété par la longue chevelure, la longue barbe, figure singulière, révélatrice, inoubliable, où il y a l'inquiétude de l'œil brillant à peine dans les ténèbres, une curiosité et une anxiété. C'est un homme d'une autre époque, qui se juge ainsi par ces quatre vers ajoutés sur le cuivre de Bracquemond :

> Messire Bracquemond
> A peint en cette image
> Le sombre Meryon
> Au grotesque visage.

Au-dessous, le nom et l'adresse : C. Meryon, rue Neuve-Saint-Étienne-du-Mont, 26.

Ce visage n'a rien de grotesque, il est sauvage et calme, comme à l'affût, et c'est ainsi que ce chasseur d'images devrait être sculpté sur sa tombe aujourd'hui dégarnie, sans un nom, sans une date, un autre cuivre de Bracquemond scellé sur la dalle mortuaire ayant dû être enlevé, soustrait au vol et à la profanation.

Bracquemond a gravé un autre portrait de Meryon, qui a été

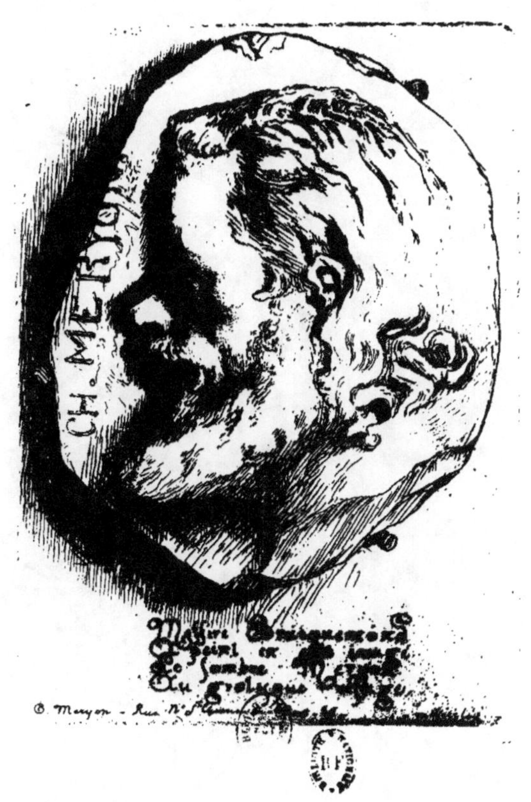

MÉDAILLON DE MERYON PAR F. BRACQUEMOND

publié dans la *Gazette des Beaux-Arts* du 15 juin 1863, mais qui date,
comme celui du frontispice, de 1851. Il est assis, vêtu d'une redingote,
un bras appuyé au dossier de sa chaise, l'autre main pendante, une
main admirable, d'une finesse, d'une délicatesse rares, une main
d'artiste faite pour manier le crayon et le burin. Burty affirme que
les traits de Meryon sont beaucoup plus fins, que sa nature est plus
nerveuse et plus distinguée, mais que l'expression générale de la physionomie est bien rendue.

Il y a eu aussi un portrait de Meryon par lui-même, assis devant

PORTRAITS DE MERYON (CROQUIS PAR LE DOCTEUR GACHET)

son chevalet, mais le cuivre a été détruit, et il n'existe aucune épreuve
de la gravure. Avec un portrait dessiné par Léopold Flameng, dans
des circonstances dont le récit viendra à son jour, et quelques croquis
pris par le docteur Gachet, qui ressemblent au portrait de Flameng,
figure triste, barbiche au menton, cheveux ébouriffés,   c'est toute
l'iconographie de Meryon.

On peut relater ici que le docteur Gachet a communiqué à Aglaüs
Bouvenne cette note sur Meryon, qui commente ses croquis et qui les
certifie :

« Meryon était de petite taille, d'un tempérament assez bilieux
et nerveux, sec et comme ratatiné sur lui-même, simple dans sa mise ;

ombrageux et circonspect dans son regard, il évitait les plaisirs et les camarades, aimant la solitude et le travail. Nature maladive et triste, il était sobre, mangeait peu, buvait encore moins, paraissant toujours inquiet et en proie à une suggestion quelconque. On eût dit qu'il était absent de lui-même, comme parfois il paraissait absent de la société où il se trouvait. Du reste il n'aimait pas le monde. Plusieurs fois il est venu dîner à la maison, mais toujours avec la plus grande circonspection et après maintes hésitations. Le peintre A. Gautier avait

PORTRAITS DE MERYON (CROQUIS PAR LE DOCTEUR GACHET)

quelque influence sur lui et il lui plaisait : c'est avec lui qu'il venait à la maison et ce n'est qu'avec beaucoup de difficultés que j'ai obtenu, A. Gautier aidant, les eaux-fortes sur Paris, par deux à la fois.

« Meryon paraissait toujours en proie à une idée qui l'obsédait ; il avait promis de nous faire connaître la cause de ses tristesses. C'est sans doute là le point de départ de sa maladie mentale.

« C'en fut l'origine : il se trouvait malheureux, se croyait seul sur la terre, entouré de gens malveillants.

« C'était une nature sensible, droite, délicate, mais son cerveau était imparfaitement équilibré.

« L'art pour lui n'existait qu'à l'état de fétiche, d'idéal, on ne

LE PETIT PONT

devait pas y toucher. Il n'y avait pas d'artistes : c'était trop difficile. Lui n'était rien : il ne fallait pas lui dire qu'il faisait bien, qu'il avait du talent ; faire son éloge devant lui c'était presque s'en faire un ennemi.

« On pouvait aspirer à l'art, on pouvait désirer, c'était tout.

« Certaines choses lui faisaient horreur : l'eau par exemple ; il n'aimait pas y penser et ne s'en cachait pas. Un jour que je lui demandais s'il n'avait pas fait de marine ou de ports de mer, il me répondit qu'on ne devait pas reproduire l'eau, que la vue, le voisinage de l'eau était quelque chose de sinistre, de dangereux; cette idée était bien ancrée chez lui et, dès que l'on parlait eau devant lui, sa figure prenait un air triste et lugubre. »

Nous allons voir pourtant que Meryon a souvent reproduit l'eau dans ses dessins et ses gravures : l'eau de l'Océan Pacifique, l'eau de la Seine de Paris, et l'eau marine, évoquée de souvenir,   la houle harmonieuse du « Vaisseau Fantôme » !

XII. — LE PETIT-PONT

Le *Petit-Pont* a été gravé en 1850. C'est donc la première des vues de Paris gravées par Meryon. Elle est postérieure au titre de la série de 1853, puisqu'elle a été exposée au Salon de 1850, la même année où l'apprenti graveur faisait ses essais d'après Karel Du Jardin, Van de Velde, Zeeman. C'est au lendemain de la révélation qu'il a eue de Zeeman, par l'architecture du *Pavillon de Mademoiselle*, qu'il choisit le sujet du *Petit-Pont* pour commencer les études du vieux Paris auxquelles il songeait vaguement, et qu'il voulait aborder par la *Pompe Notre-Dame*.

La première idée de cette grandiose image est écrite sur un dessin (de la collection Macgeorge) qui porte, de la main de Meryon, cette indication manuscrite : *Pris sur nature à la chambre claire. Le Petit-Pont.* Ce dessin est fait du chemin de halage. Il montre, à droite, le mur du quai de la Tournelle; au centre, la rivière, le Petit-Pont et ses trois arches; à gauche, le bateau-lavoir, les maisons du quai du

52

Marché-Neuf, au-dessus desquelles surgit le haut des tours de Notre-
Dame. Regardez maintenant l'eau-forte. Une transformation totale
s'est produite. La vue du Petit-Pont, qui était en largeur sur le dessin,
est en hauteur sur la gravure. Toute la partie droite, le mur du quai
de la Tournelle a disparu, les trois arches du Petit-Pont se sont
resserrées, les maisons aussi, et au-dessus de ces maisons ont grandi
les tours de Notre-Dame, qui dominent maintenant la composition,
au lieu d'être écrasées, au ras des toits des maisons, par la perspective.

Par l'étude qu'il a faite de l'œuvre de Meryon, en 1863, dans la
Gazette des Beaux-Arts, Philippe Burty a expliqué, excusé et loué le
subterfuge de Meryon : « Ces tours de Notre-Dame, dit-il, qui s'élèvent
au-dessus de la composition, sont beaucoup trop hautes, eu égard à
leur dimension réelle et aux lois de la perspective. Nous aurions plus
d'une fois à signaler cette erreur, si elle n'était complètement volon-
taire et en résumé parfaitement acceptable. Meryon n'a point la
prétention que ses planches aient la froide exactitude de l'épreuve
photographique. Lorsqu'il a pris son premier croquis d'en bas, du
bord de l'eau, par exemple, il est évident qu'il s'est placé à un point
de vue inaccoutumé pour l'immense majorité des spectateurs; il monte
alors sur la berge, et coud, avec une habileté sans égale, à cette donnée
première, le spectacle qui frappe ordinairement du parapet les yeux du
passant. Il compose, par ces deux opérations, un tableau qui est en
même temps une vue réelle. »

Ce tableau est magique, une lumière étrange l'éclaire par la
manière dont l'artiste a opposé les noirs et les clairs. Les deux tours
de Notre-Dame apparaissent sombres, bien que tous les détails archi-
tecturaux soient indiqués dans ces masses pesantes ajourées longitudi-
nalement au centre, et par un fragment de la balustrade : on aperçoit
jusqu'aux profils des gargouilles et aux fleurons des sculptures. De
même, le toit aperçu du transept est sombre, et le même noir d'ombre
creuse les fenêtres des hautes maisons, accuse la forme des cheminées, enveloppe le bateau-lavoir, s'engouffre aux ouvertures creusées
dans la pierre du quai, couvre tout le massif du Petit-Pont avec ses
contreforts, marque de mystère les personnages de la berge, d'une
barque, du lavoir. Tout le reste est lumière, la berge, l'eau, le quai,

Insatiable vampire, l'éternelle Luxure —
Sur la Grande Ville convoite sa pâture.

LE STRYGE

une lumière qui fait songer à la fois à la clarté du soleil levant et à
la lumière de la lune, une lumière qui détermine les reliefs et qui
illumine ce paysage de pierre, aujourd'hui disparu, évanoui dans le
passé, sauf Notre-Dame. Cet aspect saisissant du vieux Paris ne vit
plus de sa vie intense et fantastique que sur les feuilles de papier
imprimées sur le cuivre gravé par Meryon, à l'envers duquel il a gravé
la vue de l'*Ancien Louvre*, d'après Zeeman, qui appartient à la Chalcographie.

XIII.   LE STRYGE

Puis, Meryon monte aux tours de Notre-Dame, et voici sa rencontre avec le *Stryge*.

Le *Stryge* est la plus étrange des œuvres inspirées à Meryon par
le vieux Paris. Il a choisi comme point de départ et comme symbole
une des sculptures de Notre-Dame qui grimacent, réfléchissent, rêvent,
au pourtour de la deuxième galerie, à l'angle de la tour de gauche.
C'est un démon accoudé au balustre, les bras nus et musculeux, le
torse nu avec deux ailes d'archange infernal. Les coudes s'appuient
sur le rebord de pierre, au-dessus d'une courbure épanouie en une
fleur grasse aux pétales enroulés. La tête s'appuie à son tour sur les
deux mains aux longs doigts griffus. Entre les mains, la tête s'avance,
armée de deux cornes redoutables, et le visage se penche, bestial,
triste, avide, concupiscent. Les oreilles sont charnues et larges comme
celles d'un faune, le front est bas et dur, l'œil enfoncé dans l'orbite
darde un regard perçant et cruel, le nez se lève en bosse et retombe
en bec, rostré comme le bec des grands rapaces, et la bouche surtout
est terrible, lippue et fendue de manière baveuse et immonde, la
langue sortie comme d'une bête haletante.

Meryon a donné son sens à cette figure lorsqu'il a gravé, sur le
4ᵉ état de sa gravure, ces deux vers :

> Insatiable vampire, l'éternelle luxure
> Sur la grande cité convoite sa pâture.

La grande cité semble présente tout entière, dans l'espace restreint de l'ovale où le graveur a inscrit sa gravure. Sur cette surface qui mesure 155 millimètres de hauteur et 116 millimètres de largeur, Meryon a fait tenir un espace immense, un monde de maisons, de fenêtres, de toits, de ruelles, depuis les tuyaux de cheminées qui arrivent au niveau de la galerie de Notre-Dame jusqu'aux confins de l'horizon. C'est la foule des maisons, évoquant la foule humaine dans une mêlée singulière, qui pourrait être confuse, si elle n'avait été ordonnée par un art surprenant habile à équilibrer les lignes et les volumes, et par une magie de couleur dans les effets du noir et du blanc, qui fait jouer toutes les nuances du gris, depuis les façades blafardes des premières maisons du Parvis jusqu'aux toits lointains, perdus dans les arbres, sur les pentes de Montmartre, ou émergeant des bornes de Paris au nord, sous un ciel rayé de nuages que Meryon commence d'animer, par les vols de noirs corbeaux filant, ailes déployées, au premier plan, à la hauteur du Stryge. Ce n'est pas tout. De l'amas des maisons jaillit la gothique tour Saint-Jacques, pareille à un reliquaire finement ouvragé, d'un élan merveilleux au-dessus de la ville couvée par le regard sanglant du monstre.

Ce monstre hantait l'esprit halluciné de Meryon. Il a gravé son inquiétude et sa peur des fantômes en creusant les traits barbares de cette figure démoniaque. Un dessin qu'il en a fait avant d'aborder le cuivre, sur une feuille de papier où les maisons ne sont indiquées, autour de la tour Saint-Jacques achevée, que par un travail d'une délicatesse inouïe, en traits à peine perceptibles et déjà expressifs, ce dessin est d'une expression plus saisissante peut être que la gravure aux ombres enveloppantes, l'œil est plus visible, plus cruel, le rictus de la bouche plus avide, mais les deux œuvres, d'ailleurs, dessin et gravure, sont d'accord, avec des moyens différents, pour faire apparaître la bête de proie aux aguets devant l'abîme de Paris.

Un autre dessin, au contraire, réserve par des blancs le Stryge et la tour Saint-Jacques, ne montre que la construction, la structure des maisons, jusqu'aux moindres détails des cheminées et des fenêtres, avec le vol des corbeaux planant, becs tendus, ailes déployées, comme au-dessus d'un champ de bataille.

L'artiste révèle son état d'esprit par les vers qu'il grave sur le

LE SINGE DE NOTRE-DAME DE PARIS

DESSIN DE MERYON

LE STRYGE

cuivre pour accompagner l'image. C'est une rêverie romantique
accoudée au-dessus de la réalité de Paris :

SUR UNE CHIMÈRE DE NOTRE-DAME DE PARIS

Dis-moi, grotesque esprit par qui l'homme est singé,
Charge des temps passés, démon de la matière.
Que contemples-tu donc, hideux monstre de pierre,

LE STRYGE (CUIVRE RAYÉ)

8

Dans ce gouffre béant où ton œil est plongé ?
    Rêves-tu le sabbat ? sur ton crâne rongé,
Attends-tu pour hurler un baiser de sorcière,
Comment se pétrifia ta face grimacière
Où Satan t'avait (t'a) jugé, ou bien Dieu t'a jugé ;
— Et quand auprès de toi, bondissante et craintive,
D'Esmeralda passait la compagne captive,
De l'étreindre en tes bras tu ne fus pas tenté ;
— Pour l'Enfer comptes-tu les noyés de la Seine,
Ou n'es-tu que le masque autrefois redouté
L'étrange épouvantail d'une époque lointaine ?

(Novembre MDCCCLIII.)

XIV. — LA GALERIE NOTRE-DAME

La *Galerie Notre-Dame* érige dans l'ombre ses fines colonnettes aux chapiteaux feuillus surmontés, çà et là, de masques, et soutenant des ogives trilobées et toute une ornementation sculptée et gravée dans la pierre. Au pied des colonnettes, dans l'ombre, des corbeaux plus noirs que l'ombre cherchent pâture dans les interstices des dalles, un autre bat des ailes sur un rebord, un autre vole entre les colonnettes. Un rayon de lumière oblique vient éclairer la partie extérieure du sombre décor. On aperçoit, minuscule et précis, plus bas, plus loin, le déploiement des maisons de la rive gauche, dominées par la tour de l'Horloge et les deux grosses tours qui encadrent l'entrée du Palais de Justice. La vision romantique de Meryon rejoint celle d'Hugo : on croit voir, on voit, dans sa *Galerie Notre-Dame*, surgir la Esmeralda fugitive, Claude Frollo pensif, Quasimodo se pencher au-dessus de la balustrade. Et c'est la vision de Paris à vol d'oiseau en 1853, pareille à celle que Hugo a évoquée du xve siècle, au livre III, chapitre II, de *Notre-Dame de Paris*, sur un « éblouissement de toits, de cheminées, de rues, de ponts, de places, de flèches, de clochers », et « vers le couchant, sur le Palais de Justice, asseyant au bord de l'eau son groupe de tours ». Cette magnifique gravure, si fine, si altière, a été refusée au Salon de 1853.

LA GALERIE NOTRE-DAME

XV. — LE PONT-NEUF

Meryon devait aussi graver le *Pont-Neuf*, vieux témoin de l'histoire de Paris, et il n'y a pas manqué. Sa gravure, qui ne compte pas moins de neuf états, a été chaque fois modifiée. Peu à peu s'ajoutent, au premier état, le ciel, les maisons de la rue Dauphine, la cheminée de la Monnaie, les noms de Meryon et de Delâtre, une poésie de huit vers de Meryon, puis les vers sont effacés, et aussi la cheminée de la Monnaie, les maisons de la rue Dauphine sont abaissées. Ce qui subsiste toujours et fait la beauté de la pièce, c'est le Pont-Neuf, ou plutôt le morceau du Pont-Neuf qui est le motif principal, les trois arches sombres et les trois piles rondes et massives comme des tours de forteresse, alors surmontées de boutiques demi-circulaires. Le burin de Meryon leur a donné un relief formidable entre l'eau sombre et le ciel sombre, en avant des maisons légèrement et finement tracées du commencement de la rue Dauphine et du quai Conti.

Meryon accompagne de vers naïfs cette eau-forte d'expression sérieuse, de métier subtil et grave :

LES ARCHES DU PONT-NEUF

Ci-gît du vieux Pont-Neuf
L'exacte ressemblance
Tout radoubé de neuf
Par récente ordonnance.
O savants médecins,
Habiles chirurgiens,
Diront pourquoi refaire
Commerce du pont de pierre.

XVI. — L'ARCHE DU PONT NOTRE-DAME

Au delà de l'*Arche du Pont Notre-Dame*, Meryon montre un paysage de Paris, du bord de la Seine : deux arches du Pont-au-Change, au-dessous desquelles l'entablement coupe l'aspect du Palais de Justice dont on aperçoit les tours massives et pointues et la toiture. Au-dessous, se voit le pilotis qui portait la Pompe à feu. C'est le fond

du tableau, avec un gros nuage en avant duquel passent deux oiseaux.
Le premier plan est occupé par l'arche, un pan dans la lumière, le
dessous dans l'ombre, des bateaux et des mariniers sur l'eau rapide,
un ouvrier grimpant à une corde à nœuds.

XVII. — LE PONT-AU-CHANGE

La belle gravure du *Pont-au-Change* pourrait aussi bien se nommer
le « Palais de Justice » qui se déploie en façade sur le quai des Lunettes,
depuis les arbres du quai aux Fleurs et la tour de l'Horloge jusqu'à la

LE PONT-AU-CHANGE   9e ÉTAT

quatrième tour qui termine le bâtiment de la Conciergerie. C'est une
masse imposante, propice aux jeux de lumière et d'ombre, dressée
verticalement au bout de la forte ligne horizontale du Pont-au-Change
(aujourd'hui remplacé par le Pont Saint-Michel), percé de six arches
supportant le tablier rigide à peine bossué en dos d'âne, trois arches
masquées par un bateau-lavoir. Au-dessus d'une arche s'élève la
Pompe-Notre-Dame. Sur le pont, garni de ses réverbères, passe un
corbillard suivi d'un défilé. Sur l'eau, des bateaux filent, évoluent. Dans
le ciel, le ballon *Speranza* s'incline sous le vent, acclamé par la foule,
remplacé dans un état suivant par le croissant de la lune et un vol de
corbeaux planant au-dessus de canards qui s'enfuient, et tout cela
disparaît ensuite pour faire place à deux ballons, puis à cinq ballons,

LE PONT-AU-CHANGE

dont l'un porte l'inscription *(Vas) co de Gama* (Meryon a désigné les autres comme l'*Asmodée*, le *Protée*, le *Saint-Elme*), alors que la nuée d'oiseaux noirs s'envole au loin du ciel. L'un des ballons, celui du premier plan, a pour nacelle une sphère d'où jaillissent deux mâts à pavillon. Sur une épreuve unique, Meryon a dessiné des figures de femmes et une île de la Polynésie. Quels que soient tous ces changements, nés de fantaisies mentales, la beauté de la gravure subsiste par les lignes rigides du Palais et de la Conciergerie, par la ligne ajourée du Pont-au-Change barrant la Seine. Ces oiseaux sombres, ces ballons légers et lumineux voltigent comme des idées noires et des caprices fugaces autour de l'évocation sérieuse, savante, irréprochable, du décor de Paris déployé sur son fleuve.

L'*Espérance* est une pièce de vers destinée à accompagner le *Pont-au-Change*. C'est son commentaire en vers gravé sur le cuivre par Meryon, qui fait ainsi passer ses vers à la postérité, dans la collection de ses eaux-fortes. C'est une épave de son esprit, recueillie comme ses vrais chefs-d'œuvre :

L'ESPÉRANCE

Léger aérostat, ô divine Espérance,
Comme le frêle esquif que la houle balance
Au souffle nonchalant des paisibles autans
Vas, et dans les vapeurs que promènent les vents,
Découvres-toi parfois à mes regards avides,
Sur le fond bleu du ciel, dans les régions placides,
Où d'un riche soleil les rayons fécondants
Tracent en lignes d'or tous les rêves brillants
D'un douteux avenir ; viens rendre le courage
Au rude matelot qu'a fatigué l'orage,
Au valeureux guerrier qui par un sort meilleur
De tous coups ennemis sait braver la douleur,
Au pauvre cœur blessé qui cherche en vain sur terre
Ce bonheur inconnu qu'il sent et qu'il espère !
Mais, ô triste rêveur, pourquoi dans les nuages
Te promener ainsi quand il s'agit d'images ?
Reviens, reviens à terre et laisse là, le soir,
D'escalader du ciel le trop rude chemin ;
Crains de tenter du sort le caprice bizarre ;
Toujours de ses faveurs pour nous il est avare.
Puisqu'un destin nouveau t'a mis la pointe en main,

T'a fait pauvre graveur de trop frêle marin,
Lorsque sur l'enduit noir qui recouvre ton cuivre
Ta main laisse après toi le renom qui doit suivre
Ton esquif passager sur l'orageuse mer
Qu'on appelle la Vie, Océan dur, amer,
Où trop souvent, hélas ! fallacieux mirage,
L'esprit qui nous leurrait va mourir au rivage.

(C. M., Mars MDCCCLI.)

XVIII. — LA MORGUE

Meryon explore les quais, son humeur mélancolique reste en arrêt devant la Morgue.

« Aux yeux de quelques amateurs, — écrivait Philippe Burty, — cette pièce est peut-être la plus remarquable de tout l'œuvre. » Le fait est qu'elle est infiniment singulière, qu'on ne trouve son équivalent chez aucun artiste. Il fallait la conjonction de l'esprit de Meryon et du vieux Paris, encore visible en 1854 (et encore visible sur certains points du centre de Paris, au moment où j'écris ce livre), pour donner naissance à un tel chef-d'œuvre issu de la plus humble réalité, — et du spectacle d'un poignant fait-divers de tous les jours, comme il s'en produisait en ce lieu ordinaire et sinistre.

C'est la *Morgue*, alors qu'elle était située sur le quai du Marché Neuf, avant d'être installée à la poupe de la Cité, derrière Notre-Dame, d'où elle vient encore d'être délogée, pour être transportée à l'Institut médico-légal, place Mazas. C'est la Morgue, au ras de la Seine, qui l'alimente. C'est la Morgue, sur le parcours populaire. C'est la Morgue pareille à un petit temple (Burty la compare à un tombeau antique). C'est la Morgue, presque collée aux maisons de la chaussée, confondue avec elles. C'est la Morgue, environnée, surplombée de ces maisons dont toutes les fenêtres, toutes les lucarnes, jusqu'aux toits, parmi les cheminées, sont ouvertes sur elle comme des yeux curieux. Tous ces trous noirs ont été creusés par ce maître du noir, et tous ces toits sombres, irréguliers, qui se haussent, qui s'abaissent, depuis les basses cassines du rez-de-chaussée jusqu'aux étroites bâtisses à sept étages, ont

LA MORGUE

été vus, dessinés, établis avec leur forme en pente et leur couleur de vieux temps, par ce maître des pierres et des tuiles. Le dessin, à la mine de plomb (de la collection Curtis), semble une épreuve. C'est le dessin d'un architecte qui se sert du compas, de la règle et de l'équerre, il a compté les ouvertures, mesuré les angles, les largeurs et les hauteurs, disposé les encadrements, et par le sens naturel du pittoresque réel, par la faculté de colorer les choses par la lumière et l'ombre, par la vertu de poésie qui était en lui, tout se transfigure, devient une œuvre profonde et grandiose.

Au premier plan, sur l'eau du fleuve, un bateau-lavoir. Au-dessus, la berge pavée sur laquelle s'élèvent la Morgue et le parapet du quai. C'est sur la berge que se joue le drame du noyé que deux hommes apportent. La tête et les jambes du mort pendent à toucher le sol, pendant qu'une femme se lamente, cassée en deux, la taille pliée en arrière, les mains sur le visage, les cheveux épars, et qu'une petite fille pleure visiblement, se détournant, les deux mains sur les yeux. Il faut que le dessin de ces silhouettes soit bien expressif pour qu'on puisse le lire ainsi, car ces silhouettes noires sont minuscules, comme celle du sergent de ville, pareil à un insecte noir qui s'avance courant et gesticulant, le bicorne sur la tête, une main tenant le fourreau de son épée, l'autre main désignant l'entrée de la Morgue. Sur le parapet, une foule de spectateurs, accoudés, assis, les jambes pendantes, l'un même debout, et aux fenêtres des curieux, achèvent de donner son sens pathétique à cette œuvre de maîtrise.

Sur les derniers états, on lit des inscriptions dont la consonnance, dit Meryon, ou la secrète signification, semble s'harmoniser avec ces lieux d'un caractère plein d'austérité : *Sabra, dentiste du peuple, — Hôtel des Trois-Balances, meublé, — Imagerie religieuse, exportation,* cette troisième inscription ajoutée sur le quatrième état, avant la destruction du cuivre. Sur le cinquième état, le titre de la Morgue est suivi de la date de 1860. Jusqu'au dernier moment, avant la destruction du cuivre, Meryon a modifié sa gravure et fait tirer quelques nouvelles épreuves.

Sur deux plaques de cuivre, Meryon a gravé une poésie de sa composition : *l'Hôtellerie de la Mort,* destinée à accompagner la Morgue :

L'HOTELLERIE DE LA MORT

Venez, voyez, passants
A ces pauvres enfants,
En mère charitable
La Ville de Paris
Donne en tout temps gratis
Et le lit et la table,
Regardez sans pâlir
Les faces impassibles
Souriantes, sensibles.
Enigme d'avenir,
Ici la Mort convie
Tous ceux qui par destin
Couchent sur le chemin.
Amour, misère, envie !
Quand de Paris rugit
L'émeute impitoyable,
Satan même rougit,
Tant est pleine la table !
Puissiez-vous ne point voir
Là sur le marbre noir
De quelqu'âme chérie
La navrante effigie.
Passants, passants, priez
Pour tous les trépassés
Que la mort envieuse
Amène sans tarir
La Ville du plaisir
En ce monde fameuse
Mais qui sait si la mort
Sous son masque sévère
Ne nous cache du sort

Quelque riant mystère ?
Qui sait si la douleur
En soulevant son voile
Du terme du labeur
Ne nous montre l'étoile ?
Allez, pauvres humains
Creusez, fouillez la terre
De vos pieds, de vos mains !
Il faut à la misère
Chaque jour du pain noir.
Par la faim aiguisés
Si, même avant le soir,
Vos forces épuisées
Défaillent sur la Voie,
Si vous voyez la Mort
Que Dieu peut-être envoie,
Par un dernier effort
En essuyant vos larmes,
Vers la voûte des cieux
Où cessent les alarmes,
Levez encore les yeux !
Là vous lirez peut-être
Que pour nous va venir
Le jour du doux bien-être
Où pour ne point mourir
Doit éclore la fleur
A la fraîche corolle
A la sainte auréole
D'amour et de bonheur
Dont le germe est au cœur.

XIX. — L'ABSIDE DE NOTRE-DAME DE PARIS

Le premier état de l'*Abside de Notre-Dame de Paris* est saisissant,
avec sa cathédrale inachevée, les trois arches du pont de l'Archevêché,
la charrette sur la berge, et le ciel vide. L'eau-forte achevée passe pour
la plus belle œuvre de Meryon. Elle est fort belle en effet, d'allure
simple et grande, fixant à jamais Notre-Dame telle qu'elle apparait
sur la Seine, dans le ciel de Paris. Elle ne fait oublier ni le *Stryge*, ni

le *Petit-Pont*, ni le *Pont-au-Change*, ni *Saint-Étienne-du-Mont*, ni la *Morgue*, ni même le fragment de pierre de la *Rue des Mauvais-Garçons*.

Elle est plus complète, plus monumentale, elle est le portrait de la Cathédrale. La voici, formidablement assise sur le terre-plein qui divise la Seine en deux bras. Dans ses dimensions restreintes, tous les détails sont présents, toutes les flèches, tous les contreforts, tous les piliers, tous les ajours, on pourrait presque dire toutes les sculptures.

1ᵉʳ ÉTAT DE L'ABSIDE DE NOTRE-DAME DE PARIS

La voici, avec le fleuve Seine, ses barques, sa berge, ses tas de sable. La voici, avec ses alentours, proches ou lointains, trois arches du Pont-au-Choux, le vieil Hôtel-Dieu à gauche, le vieil Hôtel-de-Ville à droite. La voici avec son ciel où roulent les nuages, où volent les oiseaux. C'est une architecture, c'est une sculpture, et c'est un tableau, aussi beau qu'une peinture, avec son opposition de noirs et de blancs, et ses transitions de gris. Il n'y a de lumière que sur la berge, sur le mur du terre-plein entrevu par deux arches du pont, et dans le ciel. Presque toute la Cathédrale est dans l'ombre, une ombre transparente éclairée seulement sur une partie de la toiture et sur la façade du transept où brille la rosace, et ponctuée sur chaque saillie de clartés en demi-teintes qui font l'enveloppe d'ombre plus profonde, plus mystérieuse.

On n'est pas surpris que Philippe Burty ait manifesté son enthousiasme à la vue de cette gravure unique, qui devait lui inspirer l'idée d'un rapprochement avec l'œuvre de Victor Hugo : « Cette vue de Notre-Dame, — dit-il, — est d'un aspect magistral. L'église de Notre-Dame semble d'ailleurs avoir exercé une grande attraction sur l'esprit rêveur de l'artiste. Elle avait dicté à un poète un des plus beaux livres de notre génération, elle a inspiré à M. Meryon sa plus belle planche. » A quoi répondit Meryon : « Je suis fort honoré de ce rapprochement, que fait l'auteur, de mon œuvre à un des beaux noms de notre époque, mais en ne l'acceptant qu'avec l'humilité dûe de mon côté. »

Et le grand artiste fournissait la preuve de cette humilité en gravant ces six vers dont il commentait son chef-d'œuvre :

L'ABSIDE DE NOTRE-DAME

O toi dégustateur de tout morceau gothique,
Vois ici de Paris, la noble basilique.
Nos rois, grands dévots, ont voulu la bâtir,
Pour témoigner au Maître un profond repentir.
Quoique bien grande, hélas ! on la dit trop petite,
De nos moindres pêcheurs pour contenir l'élite.

XX. — LA RUE DES MAUVAIS-GARÇONS

La *Rue des Mauvais-Garçons*, aujourd'hui remplacée par la rue Grégoire-de-Tours, a été dessinée à la mine de plomb et gravée sur le cuivre par Meryon. La force de construction du dessin est la même, les linéaments sont seulement plus hâtivement tracés, barreaux des fenêtres, tuyaux des plombs, et les ombres seulement indiquées. L'eau-forte reproduit trait pour trait le dessin. Mais là, l'effet est prodigieux de cette simple façade de maison percée de deux portes, de cinq fenêtres ou lucarnes au rez-de-chaussée et au premier étage, garnies de barreaux qui n'ont plus rien de tremblé, qui ont la rigidité du métal. Les indications d'ombres sont achevées, toutes les excavations

L'ABSIDE DE NOTRE-DAME DE PARIS

sont creusées de ce même noir profond du *Petit-Pont* qui fait valoir
la blancheur de la pierre. Ici, cette blancheur apparaît livide, sépul-
crale, c'est un morceau de rue du Moyen-âge exhumé de la nuit des
temps, avec ses quatre lourdes bornes pour protéger le mur des heurts

LA RUE DES MAUVAIS-GARÇONS
DESSIN DE MERYON

des chariots, et le numéro de la maison, 12, au-dessus de la porte et
d'une lucarne. On s'attend à voir surgir quelque personnage de la
même époque que les pierres, et Meryon n'a pu résister à l'incan-
tation, a tracé les silhouettes de deux femmes qui cheminent sur les

dalles, bizarrement accoutrées, un peu courtes, pas plus hautes que
les bornes, mais qui ajoutent le mystère de la vie passante au mystère
immobile des pierres et des grilles. Meryon a senti ce mystère, l'a
défini avec une sorte de désinvolture par les vers qu'il a gravés sur
le troisième état de son cuivre :

RUE DES MAUVAIS-GARÇONS

Quel mortel habitait
En ce gîte si sombre ?
Qui donc là se cachait
Dans la nuit et dans l'ombre ?
Etait-ce la vertu, pauvre silencieuse ?
Le crime, diras-tu,
Quelqu'âme vicieuse ?
Ah ! ma foi je l'ignore,
Si tu veux le savoir,
Curieux vas y voir,
Il en est temps encore.

XXI. — LA POMPE NOTRE-DAME

Bâtie sur pilotis, la *Pompe Notre-Dame* (pompe à feu), en forme de
pyramide tronquée, s'érigeait sur la Seine, en avant du pont Notre-
Dame. Meryon en a fait le motif principal d'une vue pittoresque par
le mur du quai, l'eau sombre sur laquelle passent deux barques de
pêcheurs, les maisons du quai de la Cité, au-dessus desquelles, comme
dans le *Petit-Pont*, se haussent les tours massives de Notre-Dame. Ici
aussi, Meryon a modifié la réalité, a expliqué ainsi ses modifications
dans une lettre à Paul Mantz, du 4 juin 1853 : « La Pompe Notre-Dame,
— dit-il, — est à bien peu près la reproduction exacte de cette bâtisse qui
va, dit-on, bientôt disparaître. Je me suis cependant permis quelques
petits changements, en modifiant les rapports de certaines parties,
dans le but d'enlever au monument un peu de sa lourdeur. Les Tours
saillent aussi un peu plus que dans la réalité ; mais je considère que
ce sont licences permises, puisque c'est pour ainsi dire dans ce sens
que travaille l'esprit, sitôt que l'objet qui l'a frappé a disparu de devant
les yeux... » Travail par la mémoire, c'est la méthode que préconisera

LA RUE DES MAUVAIS-GARÇONS

Lecoq de Boisbaudran, et c'est la méthode de Meryon, avec, en plus, le droit de modifier la réalité. Heureuse modification, dans la *Pompe Notre-Dame* et dans le *Petit-Pont*, puisqu'elle nous vaut de voir se hausser les Tours, comme animées d'une curiosité pour regarder par-dessus les maisons.

La *Petite Pompe*, cul-de-lampe, ou frontispice, du deuxième cahier

LA PETITE POMPE

COMPOSITION ORNEMENTALE DE MERYON

des *Eaux-fortes sur Paris*, est une de ces compositions ornementales où Meryon a excellé avec un naturel parfait. Il était ornemaniste adroit et précieux, en même temps que son dessin était âpre et violent. Ici, l'ornement ovale est fait de tuyaux pareils à des cordages à nœuds, qui partent du bas de la composition, de la *Petite Pompe* minuscule, droite sur son pilotis, et qui aboutissent à deux fontaines, dauphins soufflant de l'eau, après avoir alimenté deux coupes débordantes, et les initiales de la Pompe Notre-Dame (P. et N. D.), encadrées. A travers toute cette eau coulant, jaillissant de toutes parts, on lit ces vers gravés par Meryon :

LA POMPE NOTRE-DAME

C'en est fait
O forfait !
Pauvre pompe
Sans pompe
Il faut mourir ;
Mais pour amoindrir
Cet arrêt inique
Par un toast bachique
Que ne pompes-tu
En impromptu
Au lieu d'eau claire
Qu'on n'aime guère
Du vin
Bien fin !

XXII. — LA TOUR DE L'HORLOGE

La *Tour de l'Horloge* est une vue ramassée du Palais-de-Justice, avec le Pont-au-Change au premier plan et un fragment du Pont-Neuf au fond. Toute la façade sur la Seine est dans l'ombre, hérissée des trois tours pointues, des cheminées qui fument, des échafaudages dressés devant les fenêtres. La lumière frappe la façade, le toit et le clocheton de la Tour de l'Horloge, le haut du Palais en bordure sur le quai des Orfèvres, la palissade qui entoure les travaux de réparation, la cage de verre où est enfermée l'horloge, le tablier et les piles du Pont-au-Change. Sous les arches emplies d'ombre, un lourd bateau apparaît, traîné par la corde d'un remorqueur qu'on ne voit pas. La disparition du Pont-au-Change fait de cette estampe une page d'histoire, ainsi que le formulait un article de l'*Artiste* du 31 octobre 1858, qui publiait le sixième état de la planche. La page d'histoire, qui évoque le pont disparu, en même temps que le guichet de la funèbre Conciergerie, est en même temps une page d'art par la pléni-

LA TOUR DE L'HORLOGE

tude du massif architectural, la magie du clair-obscur à travers lequel se creusent les ouvertures des fenêtres, l'élancement des tours en plein ciel.

XXIII. — LA TOURELLE DE LA RUE DE LA TIXERANDERIE

Le goût de Meryon s'affirme pour les aspects du vieux Paris qui vont disparaître, condamnés par les démolisseurs de maisons et les élargisseurs de rues. Il fait un dessin de la *Tourelle de la rue de la Tixeranderie* en 1851, alors que la démolition est décidée, et il grave son cuivre l'année suivante. Rien de plus pittoresque que cette maison de la tourelle, avec ses trois hauts étages surmontés d'un autre étage à balcon et d'une lucarne juchée sur le toit, parmi les tuiles et les cheminées qui fument. La tourelle, accotée à l'angle de la maison sur la rue et sur une noire ruelle, avec son toit aigu et sa base en spirale, est envahie par une vigne vierge qui part du sol. La maison proche, de l'autre côté de la ruelle sombre, avec sa porte, ses trois fenêtres en façade, ses deux lucarnes élargies sur le toit, ses pierres apparentes, et la maison mitoyenne de la maison de la tour, sont gravées avec le même souci de la vérité : pas un point de ces surfaces qui ne soit animé par le jeu de la lumière et de l'ombre. De même, le pavé, les marches qui accèdent à l'étroit trottoir. La vie humaine anime aussi ce décor du passé : une femme chargée d'un panier entre dans la ruelle, d'autres s'aperçoivent sur les seuils des portes et dans le noir des fenêtres, l'une d'elles semble nue ainsi que l'enfant près d'elle, des stores sont tendus, des linges pendent et sèchent, des passants s'arrêtent, désignent la vigne vierge, un cavalier passe, pareil à un chevalier du guet.

XXIV. — SAINT-ÉTIENNE-DU-MONT.

La façade de l'église *Saint-Étienne-du-Mont* apparaît resserrée entre l'ancien collège de Montaigu, auquel succédera la Bibliothèque de Sainte-Geneviève, et le pilastre du transept du Panthéon, grillagé et soumis à des réparations. L'ombre transparente gagne le pilastre du transept et la façade du collège de Montaigu aux fenêtres ogivales.

L'église Saint-Étienne montre en pleine lumière sa manière composite, son entrée aux pilastres corinthiens surmontée d'un fronton triangulaire élargi, sa rosace surmontée d'un second fronton cintré, puis la toiture en triangle allongé. En arrière surgit l'unique clocher flanqué d'une tourelle, les abat-sons visibles au-dessous de l'horloge, terminé par un léger clocheton à colonnettes. Une douzaine de personnages animent les alentours, passants lisant les affiches collées sur le mur du collège, ouvriers sur les échafaudages, mendiants à la porte de l'église. Meryon se joue des combinaisons de lignes, taille la pierre, ajoure les sculptures, dresse l'édifice derrière lequel se lève un grand nuage argenté sur lequel se détachent encore les pierres lumineuses de l'église.

XXV. — L'ANCIENNE PORTE DU PALAIS-DE-JUSTICE
ET LE TOMBEAU DE MOLIÈRE

Sur le même cuivre, en premier état : l'*Ancienne Porte du Palais-de-Justice*, dans un cercle, et au-dessus le *Tombeau de Molière*, entouré de branches de laurier. Rien de plus sombre que cette façade du Palais-de-Justice, ses deux grosses tours coiffées de toits pointus, entre lesquelles, sur une étroite façade, s'ouvre ou plutôt se devine, dans les ténèbres, la porte ogivale. Tout se devine, d'ailleurs, les deux portes, les ouvertures dans la pierre des tours et dans la toiture, les accents de l'architecture, car tout est sombre et tragique, et pourtant une lueur mystérieuse caresse la vieillesse des pierres, les rondeurs et les angles, et derrière le Palais, un embrasement de lumière rayonne sur la ville comme d'un astre caché, une flamme ardente de soleil dans laquelle danse un démon pareil à un gigantesque insecte, les pieds et les ailes fourchus, les cornes et les oreilles dressées, et tenant une banderole sur laquelle se lit : *Paris*.

La même lumière radiante entoure le *Tombeau de Molière* au Père-Lachaise, éclairé comme un monument de marbre délicat, une console à deux colonnes, à soubassement et à entablement, avec une

TOMBEAU DE MOLIÈRE

L'ANCIENNE PORTE DU PALAIS DE JUSTICE

plinthe où est inscrit le nom de MOLIÈRE et que surmonte une coupe d'où s'envole une flamme. L'ornemaniste qu'est Meryon s'affirme par la couronne de lauriers, feuilles et graines finement découpées qui entourent le monument, le parent d'une gloire vivace toujours rajeunie, symbolisée par le vaisseau de Paris et l'étoile qui rayonne au fond des ténèbres.

Le Tombeau de Molière est le cul-de-lampe et la dernière planche des Eaux-fortes sur Paris. D'abord tiré sur le même cuivre que l'*Ancienne Porte du Palais-de-Justice*, puis le cuivre a été coupé, et il y a eu un deuxième état.

C'est sur un cuivre fait pour accompagner le cuivre des *Grosses tours du Palais-de-Justice* que Meryon a gravé ces vers divaguants qui se rient de la prosodie et semblent voltiger au hasard autour de l'image sévère :

GROSSES TOURS DU PALAIS DE JUSTICE

Qu'âme pure gémisse,
Mais sur ce frontispice
J'ai peint noirs diablotins,
Malicieux Mutins,
Dominant de ses ailes
Les vieilles tours jumelles
De la cité de Paris,
Paris le Paradis
Des amours et des vices ;
La Ville ou la Sirène
A la diabolique engeance.
Poussent maints rejetons
Que greffent les Démons !
Le méchant animal
Augure du mal
A choisi domicile
En notre bonne ville
Le cas vraiment est grave,
Et tristement se grave
Que pour l'exorciser,
Il faudrait la raser.

(C. M., MDCCCLIV.)

XXVI. — LES ARMES DE LA VILLE DE PARIS

La série des Eaux-fortes sur Paris doit comprendre la composition, devenue classique, où Meryon a fixé en un blason solennel, les armes symboliques de la Ville. Il devait se préoccuper, pour para-

LES ARMES SYMBOLIQUES DE LA VILLE DE PARIS
1ᵉʳ PROJET

chever son œuvre, de cette enseigne d'histoire et d'art qu'il a tracée deux fois, et dont la seconde est devenue classique.

Il y a de lui, dans une collection particulière, un dessin de navire ancien, une nef chargée de voiles, lourde de mâts, de proue et de

poupe, qui est l'étude initiale des deux gravures réalisées. La première
des gravures reproduit ce navire voguant sur l'onde, la partie supé-
rieure du blason est de champ de fleurs de lis, et elle est surmontée
d'une muraille de fortification dentelée de créneaux, percée de portes

FLUCTUAT NEC MERGITUR
2ᵉ PROJET

et de meurtrières. La composition est complétée par deux branches
entrelacées, de chêne et de laurier. Burty fait remarquer que la galère
vogue vers la droite, ce qui est contraire aux règles du blason, et il
ajoute qu'elle a été copiée sur une petite galère du Moyen-âge, sculptée
à Bourges dans un bas-relief de pierre.

La seconde gravure présente un tout autre aspect. C'est le vrai blason de la Ville de Paris, une pièce désormais historique et classique. Cette fois, le vaisseau a deux étages, le mât surmonté d'une lanterne, se présente de face, les avirons en mouvement, voguant hardiment sur l'eau dont les vagues se déroulent, entraîné et soutenu par huit rames, et par la magnifique voile qui se présente arrondie, gonflée par le vent. La couronne de créneaux est simplifiée, faite de canons reliés par une muraille et un cordon de boulets. Elle est percée de quatre meurtrières, une banderole flotte, avec l'inscription : FLUCTUAT NEC MERGITUR, les deux branches, de chêne et de laurier, s'entrecroisent, au-dessous de l'inscription : MDCCCLI-IV. C. M.

Est-ce le rappel de la date de 1851, qui a fait écrire à Meryon, dans ses « Observations » sur les études de Burty, cette note bizarre :

« La crainte d'être accusé d'imprudence ou de présomption irréfléchie, d'inquiéter cet amour de la paix, d'ailleurs si concevable, qui est le propre surtout des habitants de ville, a fait que je n'ai pas produit cette composition de fantaisie, que je ne me souviens même pas d'avoir déposée. Je ne puis qu'être reconnaissant à la *Gazette* de prendre par ainsi sur elle de la faire connaître ; puisque notre caractère, les hauts faits récents de l'armée, donnent au besoin raison d'être à cette proposition, un peu osée de ma part, j'en conviens.

« Et au fond pourrait-on me faire un crime de cette traduction de ma pensée, près d'une population si jalouse de son honneur. »

Est-ce le même motif qui a fait écrire aussi à Philippe Burty cette note :

« Meryon ne se crut pas complètement autorisé par le ministère de l'intérieur, à publier cette magnifique variante qui semblait contenir une allusion à la terreur que l'Empire répandait encore. »

Ceci dit, cette gravure est un des chefs-d'œuvre de Meryon, de la conception la plus belle, la plus noble, du dessin le plus hardi. Tant que Paris vivra, il aura ces armes, ce navire, cette voile aventureuse et forte, ce symbole de volonté et de poésie. Rien d'étonnant si ce beau navire a été choisi comme frontispice au beau livre de *Paris-Guide*, publié par l'éditeur Lacroix, en 1867, avec la Préface d'une ampleur lyrique si extraordinaire, écrite par Victor Hugo aux études qui réunissaient les plus grands noms de la littérature et de la science sur cette Nef symbolique de Paris, hardiment lancée par Meryon sur le fleuve de la Ville.

ANCIENNE HABITATION A BOURGES

XXVII. — VUES DE BOURGES

Meryon, en 1853, en même temps qu'il travaille à ses Eaux-fortes sur Paris, projette un album de gravures sur Bourges. On a, de sa main, deux variantes du titre. Le premier : « *Fragments et deux vues de rues Moyen-âge pris à Bourges, composés et gravés par C. M. Paris. 1853.* » Le second : « *Deux vues de rues et Fragments Moyen-âge pris à Bourges, composés et gravés par C. M. Paris, 1852.* » Plus tard, le 24 mars 1854, il adresse au ministère de l'Intérieur une demande qui fait connaître à quel prix il offrait à l'État ses œuvres, et ses chefs-d'œuvre : « Monsieur le Directeur, vous m'avez déjà fait l'honneur de souscrire, au compte du ministère de l'Intérieur, pour cinquante exemplaires d'une publication intitulée « Monuments de Paris » dont dix livraisons ont paru. J'avais d'abord fixé à ce chiffre le nombre des planches, mais l'œuvre serait trop incomplète, si je n'y en ajoutais deux autres, en cours d'exécution ; je vous prie donc, Monsieur le Directeur, de faire souscrire pour le même nombre d'exemplaires (50) à ces deux dernières pièces (2 francs l'une) [1].

« Je vous adresse aussi ci-inclus une première planche gravée, d'un petit ouvrage sur Bourges, dont j'ai recueilli les matériaux dans ces derniers temps, et pour lequel je demande alors une nouvelle souscription. Cet ouvrage se composerait de dix pièces : quatre planches de la même dimension que celle-ci [2], et six planches de parties d'édifices, matériaux ou détails. Dans la composition de l'ensemble, je me suis surtout proposé de recueillir des restes de maisons particulières (restes qui deviennent tous les jours de plus en plus rares), attendu que ce sont choses naturellement beaucoup plus négligées que les monuments publics (qui sont d'ailleurs conservés et restaurés), et cependant bien dignes d'intérêt sous beaucoup de rapports (je pense que vous pourrez en juger par la petite pièce inachevée, que j'ai jointe à la première) [3].

1. La *Morgue* et l'*Abside Notre-Dame*.

(2 La *Rue des Toiles*.

(3) *Porte d'un ancien couvent*.

78

« Dans le cas où, accédant à ma demande, vous auriez la bonté
de faire souscrire pour cinquante exemplaires (à 15 francs l'un), je
désirerais que la somme de 750 francs montant de cette souscription,
fut répartie en 2 paiements de 375 francs chacune, sur la livraison de
2 planches d'ensemble et de 3 de détails.

« Je me permettrai de vous rappeler, Monsieur le Directeur, que

PORTE D'UN ANCIEN COUVENT,
RUE MIREBEAU, A BOURGES

les secours que je puis recevoir de vous constituent presque mon
unique ressource, le public se montrant peu disposé pour les travaux
de ce genre, dont on ne saurait cependant, je crois, mettre en doute,
l'utilité.

« 24 mars 1854.   C. Meryon. »

RUE DES TOILES A BOURGES

Trois seulement de ces dix planches annoncées ont été gravées. La première, *Porte d'un ancien couvent, rue Mirebeau, à Bourges*, est comme une esquisse de gravure, légère, grise, les noirs à peine indiqués. Meryon se proposait de donner plus de vigueur à cette pièce. Telle qu'elle est, porte à moulures surmontée d'un fleuron, trois marches, deux bornes, encorbellement du style de la Renaissance, elle est charmante, digne en tous points de l'œuvre de Meryon. Le croquis (collection Curtis) est tout aussi délicieux, gris et transparent.

La *Rue des Toiles à Bourges*, refusée au Salon de 1853, rue tournante bâtie de maisons à pignons aux rez-de-chaussée en retrait, aux toits surplombants, aux poutres apparentes, aux portes et aux fenêtres à cannelures, est rendue vivante par les fumées des cheminées, la verdure qui envahit une façade, les groupes en conversation sur le pas des portes ou sur le pavé de la rue. L'un de ces groupes, si minuscule qu'il soit, a un aspect sculptural, celui de la femme aux bras nus qui cause avec un homme d'armes, cuirassé, tenant une pique.

L'Ancienne habitation à Bourges, dite la Maison du musicien, qui est devenue une maison de tonnelier, belle construction massive aux deux étages surplombant, au toit de tuiles à lucarnes, est, avec d'autres maisons du même style, en bordure d'une rue où Meryon a fait stationner et passer des personnages aux costumes en harmonie avec le décor : un ecclésiastique et deux sœurs en cornette, deux hommes d'armes portant pique et mousquet, un petit garçon qui souffle dans une trompette.

L'angle de la maison est formé par un triple pilier taillé en forme de flageolet.

XXVIII. — HOMMAGES DE MERYON A SES MAITRES ZEEMAN ET BLERY

C'est en 1851, l'année où il termine ses dernières *Eaux-fortes de Paris*, que Meryon grave aussi son hommage à Zeeman, dont on ne peut qu'admirer le naïf élan, le charmant enthousiaste d'une âme d'enfant, où se mêlent les souvenirs du marin aux impressions du graveur :

REINIER DIT ZEEMAN PEINTRE ET EAU-FORTIER

Peintre des matelots !
Toi dont la main calleuse,
En ta verve amoureuse,
Par de si simples traits,
Sut dire les attraits
De la mer et des flots !

Permets moi de te dire,
Combien en toi j'admire
Ce sentiment si fin
Qui révèle un marin !

Combien tout en ton œuvre,
Nous rappelle aussitôt
Le savant matelot
Si simple en sa manœuvre !

Pour moi si la Raison
Ne me tenait en bride,
Je croirais bien souvent
Voir le papier humide,
Et puis avec le vent,
Respirer le goudron.

J'espère en un autre âge,
Naviguant dans tes eaux,
Revoir encore la plage,
La mer et les vaisseaux ;
Pour d'une pointe avide,
Dans le cuivre graver
Par le mordant acide
Tout ce qu'en mon penser
Je vois de grand, d'utile,
En l'élément marin ;
Toi mon cher chef de file
Tu me tendras la main !

De ce premier ouvrage
Où j'ai gravé Paris,
La ville à la galère,
Qu'à ton instar je fis
En ta simple manière,
Accepte au moins l'hommage

Mon maître et matelot,
Reinier, toi que j'aime
Comme un autre moi-même,
A revoir, à bientôt !

C. MERYON, *fecit.*   (MDCCCLIV.)

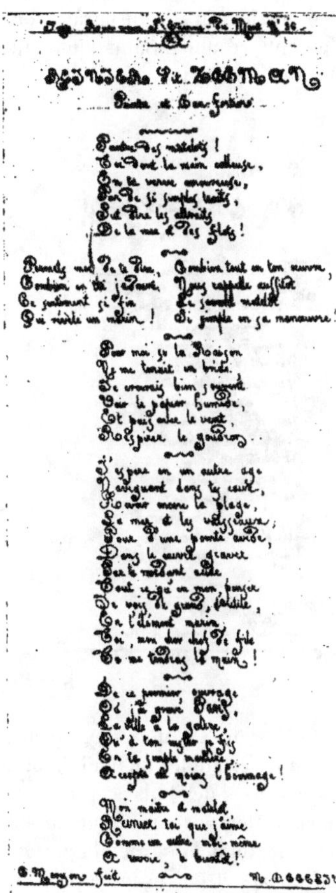

DÉDICACE A REYNIER NOOMS
DIT ZEEMAN

A la mort de Gustave Geffroy, l'ouvrage consacré à Meryon était entièrement écrit et composé, sauf cette demi-page réservée à un complément de texte sur Zeeman.

Lorsque le collaborateur chargé de la fabrication du livre vint soumettre à son approbation une mise en pages définitive, Gustave Geffroy, jetant sur le paquet un triste regard lassé, désigna derrière son lit le marbre blanc d'un secrétaire Empire : « Mettez ça là, cher ami. Dès que je pourrai..... »

Meryon est son dernier livre. Il l'affectionnait, en parlait fréquemment durant sa maladie, mais n'a pu terminer ces quelques lignes. Par respect pour sa mémoire, pour son œuvre, aucun de ses amis n'eût voulu les écrire.

---

3 Avril 1926.

En cette même année 1851, il y eut deux cuivres où furent gravés des vers à Eugène Bléry. L'âme tendre de Meryon y transparaît : on croit lire un compliment comme les enfants reconnaissants viennent en réciter à leurs parents au matin du jour de l'an :

A MONSIEUR

EUGÈNE BLÉRY

A vous Bléry, mon maître.
Qui m'avez fait connaître
Les secrets de votre art,
Qui m'avez sans retard,
De votre âme fervente
Dévoilé le miroir ;
Ma muse adolescente,
De son unique avoir,
Veut offrir le prémice ;
Souffrez qu'au frontispice
De ce modique don
En gravant votre nom,
Pour faible témoignage
De ce que sent son cœur
Elle vous fasse hommage
Du fruit de son labeur.

C. M.

Imp. Rue Neuve-St-Etienne-du-Mont, 26.

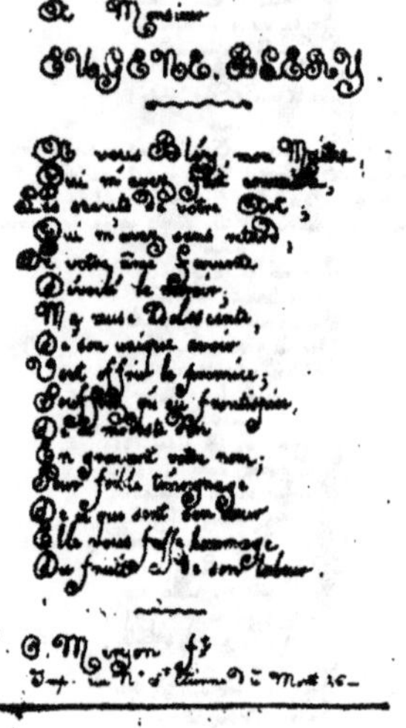

Bléry était digne de cet hommage de Meryon. Ce modeste graveur, amoureux de son art, comme le prouvent les estampes qu'il a laissées, mettait un soin infini à représenter les verdures des bois et des forêts où il se plaisait. Certainement, il a appris à Meryon la pratique de son métier, s'est rencontré avec lui pour le souci du détail exact, la perfection du trait et du modelé. Meryon le dépassait par la force de l'ensemble, par le caractère étrange dont il marquait les choses, mais c'était l'émanation de sa personnalité, et ceci dit, Bléry mériterait d'être transmis à la postérité par son glorieux élève.

Meryon ne s'était pas borné à rimer des vers pour Bléry. Il avait

gravé son portrait, non d'après
nature, mais d'après un dessin de
E. Buttura. Il n'en existe aucune
épreuve, l'épreuve d'essai ayant été
déchirée par Mme Bléry, pour cause
de non ressemblance,   alors que
la gravure était sans doute plus
ressemblante que le dessin !

XXIX.   TRAVAUX DE GRAVURES

De l'année 1855 sont datées des
gravures sur Paris, non plus d'après
nature, mais d'après des dessins et
des gravures du xviiie siècle, dont
Meryon a fait des « Meryons ».

Une gravure du *Pont-Neuf et la
Samaritaine de dessous la première*

PORTRAIT DE BLÉRY
DESSIN DE BUTTURA

arche du Pont-au-Change est l'un de ces exercices de l'artiste, qui l'a
gravé d'après un dessin de Nicolle, « tiré du cabinet de Monsieur
Destailleur, architecte ». On aperçoit trois arches du Pont-Neuf, l'angle
de la galerie d'Apollon, le pavillon du Louvre, dit de Charles IX, et
au-dessus du parapet, les maisons du quai de la Mégisserie.

Autre exercice de 1855 : *Le Pont-au-Change vers 1784*, encore
d'après « un dessin de M. Nicolle, tiré du cabinet de M. Destailleur,
architecte. » Celle-là n'est pas une bonne gravure, même considérée
comme une copie. La partie droite est d'un noir opaque, les maisons
bâties sur le pont ressemblent à des dominos, et la plate-forme de la
Tour Saint-Jacques-la-Boucherie, aperçue au-dessus des maisons, n'a
pas l'élan et la légèreté que Meryon sait donner aux tours les plus
massives.

La *Salle des Pas-Perdus à l'ancien Palais-de-Justice*, d'après Ducerceau, est, par contre, une merveille de copie par la hardiesse linéaire,
la construction des voûtes et des parois, les statues dans les niches,
et la foule qui anime la galerie. D'ailleurs, laissons parler Meryon qui

inscrit ceci sur le troisième état : « Il faut avoir examiné la pièce originale dans ses moindres détails (comme j'ai été forcé de le faire) pour
en savoir toute la beauté. Il va sans dire que l'architecture y est traitée
de main de maître. Les statues des rois sont d'un grand style, toutes
bizarres qu'elles puissent paraître au premier abord. Quant aux petites

MERYON SC.   NICOLLE, DEL.

LE PONT-NEUF ET LA SAMARITAINE DE DESSOUS LA 1re ARCHE DU PONT-AU-CHANGE

figures qui animent la salle d'une façon si piquante et qu'on pourrait
croire faites avec négligence, elles sont, je pense, des plus remar-
quables. Consanguines, d'une certaine manière, avec celles de Reynier
Zeeman, le graveur de navires, en ce qui concerne la vérité de la
mimique, elles rappellent dans de certaines parties (les petites jambes
surtout) la belle correction de Marc Antoine. Il n'est pas jusqu'à
l'expression des masques qui, quoique indiquée avec une naïveté
presque enfantine, ne soit d'une grande science physionomique. »

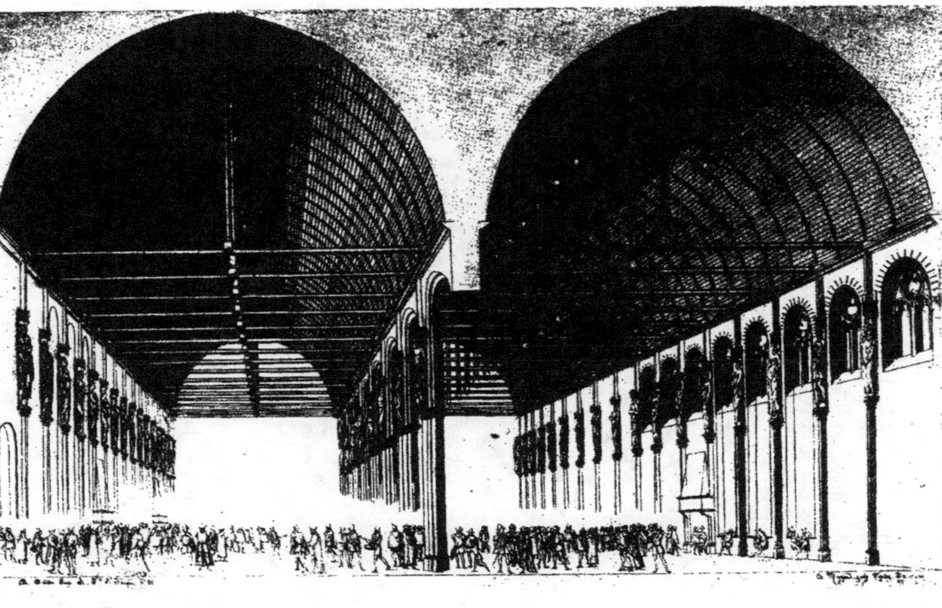

C. MERYON SC.

D'APRÈS DUCERCEAU

LA SALLE DES PAS-PERDUS A L'ANCIEN PALAIS-DE-JUSTICE

Du même moment, 1853-1854, qui est encore le grand moment de l'activité de Meryon, sont des gravures dont il avait sans doute accepté la tâche pour subvenir à son existence. Ainsi le *Plan du combat de Sinope*, d'après le dessin d'un officier du navire anglais *Retribution*, devait accompagner un texte qui ne fut pas publié. C'est simplement la disposition des flottes russe et ottomane. L'eau-forte a été éditée par Ch. Tanera, libraire pour l'art militaire, les sciences et les arts,

C. MERYON SC.   PLAN DU COMBAT DE SINOPE

Paris, quai des Augustins, 27. C'est un travail, un simple document, qui ne peut compter dans l'œuvre de Meryon.

Il y a plus d'intérêt dans l'*Entrée du Couvent des Capucins, à Athènes*, quoique ce ne soit qu'une copie partielle et réduite de la planche 13, des *Ruines des plus beaux monuments de la Grèce, par Le Roy, architecte*, Paris, MDCCLVIII, planche gravée par J.-Ph. Le Bas, avec le titre : *Vue de la Lanterne de Démosthène, à Athènes*. Le troisième état de la gravure de Meryon a été publié dans *Athènes aux quinzième, seizième et dix-septième siècles*, par le comte Léon de Laborde.

Celui-ci décrit ainsi le monument reproduit par la gravure de Meryon, monument qui est moulé en plâtre à l'École des Beaux-Arts : « Les Capucins achetèrent, en 1669, sur l'ancienne voie des Trépieds, le monument chorégique de Lysicrate. Le père Simon en fit l'acquisition comme citoyen d'Athènes, et c'est ce titre que la commission des Monuments historiques de France invoqua en 1845 pour restaurer un monument qui appartenait encore à la France, qu'elle avait conservé intact aux Beaux-Arts pendant près de deux siècles, et qu'elle voulait rendre en bon état à la Grèce régénérée. Le Couvent des Capucins fit à ce chef-d'œuvre d'élégance un cadre de sa propreté simple, de son

ENTRÉE DU COUVENT DES CAPUCINS, A ATHÈNES

activité silencieuse, de ses ombrages fleuris. L'écusson royal de France brillait au-dessus de la porte d'entrée. C'était la noble enseigne de cette pieuse hôtellerie européenne. » M. de Laborde ajoute en note : « Voyez la planche ci-jointe, habilement gravée par M. Meryon. A mon premier voyage à Athènes, rien de tout cela n'était encore changé. »

XXX. — LA LOI SOLAIRE

En 1855, Meryon rédige la Loi solaire, et il la grave comme sur une Table de la Loi. Le texte est disposé au centre d'une composition dont le sommet est orné d'un dessin représentant la moitié du soleil, et la base, d'une lampe antique. Les rayons du soleil sont rouges. Le dessin est solide, comme toujours, et le texte divague par la présen-

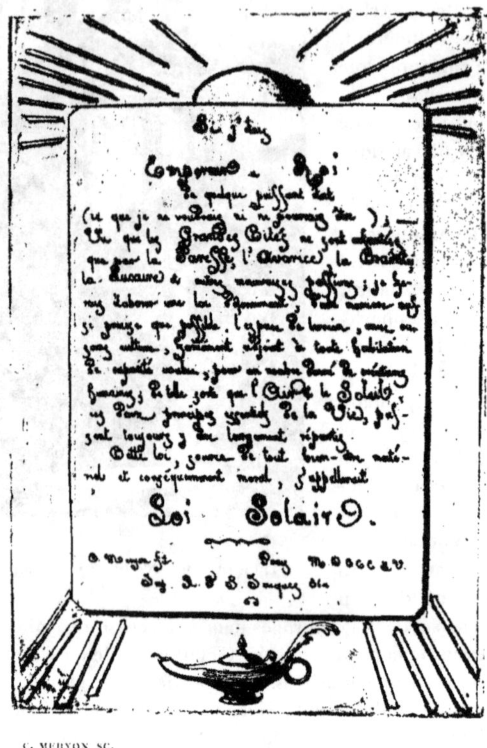

LA LOI SOLAIRE

tation, mais avec une idée fixe marquée de prévoyante raison. Son imagination inquiète de triste homme malade se préoccupe de la santé et du bonheur de l'humanité. Ecoutez-le :

Si j'étais
Empereur ou Roi
de quelque puissant état
(ce que je ne voudrais ni ne pourrais être), —
vu que les Grandes Cités ne sont enfantées
que par la Paresse, l'Avarice, la Crainte,
la Luxure et autres mauvaises passions ; je fe-
rais élaborer une loi déterminant, d'une manière aussi précise que possible, l'espace de terrain, avec ou
sans culture, forcément adjoint de toute habitation
de capacité voulue, pour un nombre donné de créatures
humaines, de telle sorte que l'Air et le Soleil,
ces deux principes essentiels de la Vie, pus-
sent toujours y être largement répartis.
Cette loi, source de tout bien être maté-
riel et conséquemment moral, s'appellerait

Loi Solaire.

C. MERYON, *fecit*   PARIS, MDCCCLV

Imp. D. R. S. Jacques, 81

Dans ses « Observations », Meryon croit devoir ajouter : « J'ai déjà eu l'occasion de dire plusieurs fois, et cette opinion est bien réfléchie chez moi, qu'il ne convient de produire ces petites pièces, la Loi solaire surtout, qu'avec beaucoup de réserve, ni les discuter que fort discrètement, prudemment, parce qu'elles peuvent causer du désordre, même de grands maux. Les épreuves en sont en très petit nombre et il n'est nullement nécessaire de les multiplier. »

1855, c'est l'année où l'esprit de Meryon, qui a toujours été tourné vers l'étrange, vers la sauvagerie, vers la mélancolie, commence à marquer davantage le dérangement, la persécution.

XXXI. - ENTRÉE EN SCÈNE DE LA DEMI-SŒUR
ET DU PÈRE DE MERYON

1855, c'est l'année où Meryon, remerciant un critique d'art, Léon Godard, exerce lui-même sa faculté de critique sur son œuvre, dont il dit savoir les bonnes qualités et les côtés faibles : le manque d'entente de la perspective aérienne, le trop de dureté dans l'exécution, de fidélité dans les détails, — témoignant ainsi de la modestie et de l'inquiétude qui étaient au fond de sa nature d'artiste.

1855, c'est aussi l'année où la demi-sœur de Meryon, Mme J. Broadwood, demeurant à Birmingham House, Innbridge Wells, Kent, entre en scène le 23 décembre, par une lettre à Foleÿ, qui l'a prévenue de l'état mental de son frère. Elle est affligée, mais non pas étonnée, les lettres de Meryon lui ayant laissé peu de doutes sur ce malheureux état. Elle espère que son père pourra faire quelque chose pour le tirer de sa position terrible. Quant à elle et à M. Broadwood, ils ne connaissent pas les lois de France concernant les personnes frappées d'aliénation mentale, ils ne peuvent donc donner des conseils ou des avis. Il leur est aussi pénible à dire que leurs moyens de fortune ne sont pas grands, et qu'ils ne peuvent pas non plus beaucoup aider Meryon de ce côté. Elle envoie néanmoins un billet de banque, comme elle l'a déjà fait sur la prière de son frère demandant de le secourir. Elle remercie M. Foleÿ de sa pitié envers le pauvre infortuné, et l'assure que le ciel le récompensera de son acte de charité chrétienne.

Une seconde lettre, du même jour, 23 décembre 1855, signée Fanny Broadwood, confirme et complète l'envoi de la somme annoncée, et indique l'adresse du père de Meryon :

Dr Charles-Louis MERYON

North End

Hammersmith

England

To be fowarded

Le 2 janvier 1856, le père de Meryon se manifeste, par une lettre datée de North End, near Hammersmith Gate, London. Il parle de son fils en le nommant « Meryon », en le désignant : « ce jeune homme ». Il explique qu'à l'époque où il avait réussi à le faire inscrire comme aspirant dans la marine française, il eut « l'indiscrétion » de le « renoncer » comme son père, par une déclaration qu'une telle parenté lui répugnait comme Français. Jusqu'à cette époque, Meryon le père n'avait jamais manqué de payer à la mère de son fils 600 francs

SAINT-ÉTIENNE-DU-MONT

par an pour les frais d'éducation et de nourriture. Après sa renon-
ciation, Meryon se croyait sûr de l'appui de sa demi-sœur, fille de
la danseuse et d'un comte, femme d'un membre du Parlement. Mais
qu'est devenue la dot de celle-ci, montant à £ 10.000 sterling, soit
250.000 francs le double de « mon revenu dans les moments les plus
florissants de ma vie. »

Le Dr Meryon ajoute : « Le mépris que l'on avait témoigné pour
moi, surtout de la part de M. et Mme B., qui n'ont jamais voulu agréer
mes avances ni recevoir mes visites, ne m'avait pas fait cesser de
prendre un intérêt dans tout ce qui regardait le jeune Charles, mais
il n'est pas juste qu'à la suite de tels procédés, l'on rejette sur moi des
devoirs, que de leur propre mouvement, ils m'ont trouvé indigne de
remplir. »

Le père de Meryon parle des préjugés de son fils, de la tache de
sa naissance, des frayeurs qui l'ont si longtemps tourmenté dans l'idée
qu'il pouvait être soupçonné d'une « dépravité dégoutante », frayeurs
qu'il valait mieux taire à M. et Mme B. « On peut dire à un Anglais
qu'un homme est séducteur, calomniateur, joueur, ivrogne, adultère,
il ne trouvera pas inconvenant de faire sa connaissance, mais sur le
seul souffle de ce vice anormal, il le fuirait. » Il donne encore, comme
indices du caractère de Charles, le manque de confiance, l'habitude
de taciturnité, la méfiance... Il voudrait lui rendre aide, mais il n'est
pas riche, et il a un autre fils qui par son inconduite l'a privé de toutes
ses ressources. Il désire que M. et Mme Broadwood prennent la responsabilité des besoins de Charles. Il termine en s'excusant, sur son âge
de 72 ans, de ne pouvoir continuer cette lettre après le jour clos : elle
lui a coûté le travail d'un jour entier, et elle est peu intelligible, peu
lisible. Il ajoute tout de même un post-scriptum pour remarquer que
le père de Mme B. est immensément riche, qu'il est plus avancé en
âge que lui-même, et qu'à sa mort, Mme B. sera héritière d'autant
d'argent qu'elle a reçu à son mariage. Monsieur B., d'ailleurs, n'est pas
dépourvu de moyens, et quelques centaines de francs ne doivent pas
lui être plus à charge que le même nombre de sous pour lui, le père
de Meryon. Et il revient sur la situation que lui fait son autre fils, un
peu plus âgé que Charles, qui a eu la folie de perdre deux fois des
appointements très avantageux qu'il avait en Crimée. Sa tête chaude

le fait entrer en disputes, il a offensé très gravement son commandant, a donné sa démission, perdant ainsi sa paie de 20 francs par jour. C'est à cause de lui que Meryon père se trouve depuis dix ans dans l'embarras et empêché de secourir de meilleurs sujets.

Le fils aîné est donc aussi un déséquilibré.

Une lettre de Mme Broadwood, du 20 janvier 1856, confirme celle du docteur Meryon : il est âgé, presque aveugle, vit très retiré. Vers Noël, il assista à une conférence ou élection au « Royal Collège of Physicians » (qui est l'Académie de Médecine Anglaise). Il a un neveu, le docteur Edward Meryon, qui habite Londres, et qui est, dit-on, un homme de talent, de cœur, et d'assez grande réputation. C'est ce neveu qui pourrait conseiller le docteur Meryon, entouré d'une famille qui n'a jamais eu que fort peu d'égards pour Charles. Et Mme Broadwood donne l'adresse du neveu : Docteur Meryon, Clarges street, Piccadilly, London.

En somme Fanny Broadwood, demi-sœur de Meryon, comme le père de Meryon, cherche à se soustraire, le plus possible, aux charges que va nécessiter l'état de celui qu'elle nomme avec apitoiement « notre pauvre insensé. »

XXXII. — AUTRES TRAVAUX. — LA VUE DE SAN FRANCISCO

A travers ses inquiétudes mentales, Meryon est toujours assujetti à ses cuivres et à ses outils de graveur. Il n'est plus, il ne sera plus que par moments, le visionnaire de Paris, il accepte des travaux commandés, il travaille sur des documents, toujours avec la même fermeté, la même rectitude de burins. C'est ainsi qu'il grave deux aspects du château de Chenonceau, d'après Jacques Androuet-Ducerceau, architecte à Paris, dont les planches ont été publiées dans le second volume des *Plus excellents bâtimens de France, 1579.*

Un premier cuivre de Meryon montre le château de Chenonceau bâti sur l'eau, flanqué de ses tourelles dont trois sur quatre sont visibles, entre deux ponts, image d'une netteté parfaite, ciselée comme un bijou. Le second aspect montre cette fois les quatre tourelles

SAN-

CISCO

visibles, et aussi la chapelle, et un autre bâtiment qui est vraisemblablement la poterne.

Ces deux gravures ornent l' « Inventaire des meubles, bijoux et
livres étant à Chenonceau le huit janvier MDCIII, suivi d'une notice
sur le château de Chenonceau, par le prince Auguste Galitzin, Paris,
Techener, 1856. »

La *Vue de San-Francisco* est aussi un travail de commande, mais
qui a vraiment une valeur d'œuvre originale, et qui est une merveille
de difficulté vaincue, par les dimensions insolites du cuivre, par les
amoncellements des détails, par l'équilibre de la composition.

Cette vue panoramique de *San-Francisco* fut commandée à Meryon
par deux banquiers, MM. J. B. Bayerque et A. Pioche.

A droite et à gauche, des pentes de terrain, des jardins, des routes,
des passants, des cavaliers, des animaux et les premières constructions. Entre les deux monticules, la ville entière, sa partie haute, sa
partie basse ; à l'horizon, la baie, des navires, le ciel et les nuages.
Au premier plan, un cartouche avec l'inscription SAN-FRANCISCO et deux
médaillons, cartouche enroulé avec les initiales des deux banquiers
sur les parties roulées et soutenu par deux figures allégoriques, le
Travail, homme barbu, et l'Abondance, femme nue. On devine quel
travail a dû exécuter Meryon pour représenter le panorama de la ville
entre les deux monticules, sur un cuivre ayant près d'un mètre de
longueur (0,950 de l. sur 0,185 de h.). C'est un fouillis splendide et
ordonné, les premières maisons évidemment reconnaissables, et les
maisons les plus éloignées donnant l'idée qu'elles peuvent être aussi
reconnues, comme les rues, les monuments, les églises. Tout est mis à
l'effet par la couleur, le modelé de l'œuvre, tour de force splendide
réussi par Meryon. Et dire que Cadart, l'éditeur, propriétaire de ce
cuivre de *San-Francisco*, après M. Niel, le proposa à la chalcographie
du Louvre pour 1.200 francs (avec 25 épreuves tirées par dessus le
marché) et que la chalcographie le refusa ! Il appartient aujourd'hui
à M. F. Keppel.

Si l'on veut savoir maintenant quelles furent les péripéties de ce
travail de dimensions excessives, on les connaîtra par les lettres que
Meryon écrivit cinq ans plus tard (en 1861) à Burty, et par lesquelles
il entre dans des explications de métier :

« ...Je disais donc que j'avais accepté avec empressement cette commande dont on m'offrait un prix qui, quoique modique par le fait, vu les nombreuses rectifications à faire et la nature des données, eût été rigoureusement raisonnable si je m'étais trouvé jouir alors de cette paix qui est nécessaire à un travail pénible. Les matériaux sur lesquels je devais opérer consistaient en un panorama Daguerre sur plaques, composé de cinq petites vues carrées, faites successivement, le même jour peut-être, à différentes heures en tout cas, puisque l'une des pièces extrêmes était éclairée d'un côté, tandis que l'autre l'était du côté opposé. Cependant, pour m'éviter cette fatigue qui résulte du miroitement de la plaque, on avait eu la complaisance de me livrer aussi chacune de ces vues partielles reportées sur papier. Comme il arrive nécessairement, par suite de la nature même de l'instrument, ces différentes vues ne pouvaient se raccorder que d'une manière très imparfaite, la confusion et la non verticalité des bords rendant la coïncidence impossible. De plus, l'opérateur, pour obtenir l'ensemble, avait été forcé de faire décrire un angle très sensible à la lunette, d'où résultait une déviation considérable des grandes lignes de perspective, si bien que, dans le centre surtout, il devenait obligatoire de remédier à cet inconvénient capital. Autre fait inhérent à l'épreuve daguerrienne, les parties profondes étaient de plus en plus diffuses à mesure qu'elles s'éloignaient du point de vue de l'objectif. Force me fut donc, avant de faire mon calque, de redresser chacun de ces dessins. Je conçus également la pensée d'un titre mitoyen, d'assez grande dimension, qui pût masquer la partie centrale, en même temps qu'il servirait à relier chacune des moitiés suivant lesquelles cette grande vue était comme coupée, moitiés dont le rapprochement, la juxtaposition, grâce à cet expédient et à la disposition toute exceptionnelle, fortuite, des masses et des lignes enveloppantes, engendrait alors un tout d'une heureuse disposition. Je vous laisse à penser la peine, pressé comme je l'étais, par laquelle je dus passer avant d'être arrivé au bout de ces opérations successives.

« ...Se rendre compte de l'aversion que j'éprouvais à mener à fin cette besogne, longue, ardue, ingrate, est chose facile si l'on veut se mettre à ma place. Il y avait de quoi rebuter l'homme le plus patient du monde. Ce qu'il y avait de dur par-dessus tout, c'était l'obligation de fixer attentivement ces objets, tantôt reproduits avec une précision étourdissante, tantôt, au contraire, diffus, quelquefois même ayant subi de telles déformations de lignes et de couleurs, qu'il devenait presque impossible d'en connaître la forme. C'est ainsi que je ne parvins à démêler une espèce de chapelle, à peu près au premier plan, à droite, qu'après l'avoir cherchée, le tableau devant les yeux, dans mes moments de répit, pendant une huitaine de jours au moins. Il y avait, au centre surtout, comme un chaos, une fondrière, causée par cette déviation de lignes dont j'ai parlé, qui donnait le vertige. Le mal de cœur me saisissait immédiatement. Je me sentais tomber à la renverse...

« ...Le jour où je versai sur ma planche couverte la traîtresse liqueur, par quelles émotions ne passai-je pas ! Ce fut presque pour moi une question de vie ou de mort ! Enfin, grâce à un destin propice, extraordinaire, il faut en convenir, le résultat parut dépasser mon attente... Cependant, un moment, je fus gravement inquiet... La rouille avait empli les tailles, je ne pouvais plus suivre l'effet du mordant ! Un homme du métier que je consultai dut me donner un remède scabreux, que j'eus le bon esprit d'appliquer convenablement, et je sauvai ma planche de ce pas difficile... Ah ! de quel poids je fus soulagé, je vous le laisse à penser !

« ...Je vous disais que, pendant une bonne partie de l'opération, j'avais travaillé à l'aveuglette. En effet, ce fut surtout pour l'acquit de ma conscience que je le poussai jusqu'au bout avec toute la patience voulue, comme j'avais coutume de le faire. Cependant, ne voyant pas ce qui se passait sous le mordant, j'avais augmenté progressivement la dose d'acide nitrique jusqu'à une forte proportion. Quand j'enlevai le vernis, je vis avec un contentement extrême que la morsure était convenablement graduée ; mais les tailles restaient complètement obstruées de rouille. Ce même homme de l'art à qui je m'étais adressé d'abord eut l'extrême bonté de me les dégager avec une parfaite netteté.

« J'eus donc une première épreuve, dure, mais aussi complète que je l'aurais pu désirer après les difficultés inouïes que j'avais surmontées, quelque fée protectrice m'aidant. Une incorrection choquante dans l'une des mains d'une des deux grandes figures exceptée, je pouvais laisser subsister tout le reste : aussi m'empressai-je d'aller soumettre le résultat aux personnes à qui cette pièce était destinée. On en parut satisfait. (Le prix arrêté en principe fut successivement presque doublé avec beaucoup de bonne grâce.)

« Dans le premier état que j'ai dû détruire, il y avait quelques particularités fatales assez bizarres ; mais je ne les rapporterai pas ici, le temps en étant déjà trop éloigné de nous. Pour la terminer, je teintai, tant avec l'eau-forte d'abord qu'ensuite à la pointe sèche, toutes les parties qui le demandaient, et fis aussi le ciel. En dernier lieu seulement, j'ajoutai les deux portraits qui figurent à droite et à gauche du cintre du cartouche. »

XXXIII. — M. CASIMIR LE CONTE. — L'ADRESSE DE ROCHOUX. —
LA LOI LUNAIRE

De la même année date une figure, le portrait de M. Casimir Le Conte, d'après le dessin de G. B. (Gustave Boulanger), traité par Meryon en belles lignes simples tracées par un burin souple, et avec un sens de l'expression tout à fait remarquable. Bourgeois de la famille du Bertin d'Ingres, Casimir Le Conte est assis, appuyé sur sa canne, de la même main qui tient son chapeau, l'autre main glissée dans le gilet, un col à pointes entouré d'une cravate, un monocle suspendu à un cordon, la face encadrée de favoris, la bouche ferme, les yeux perspicaces, le crâne en dôme garni de quelques cheveux.

Puis, sur un petit cuivre, l'*Adresse de Rochoux*, devenue fameuse, est fortement conçue. Elle est ainsi formulée : ESTAMPES ANCIENNES, ROCHOUX, *quai de l'Horloge, n° 19*. Mais c'est l'arrangement qu'il faut voir avec le fronton où figurent accotés le Fleuve et la Rivière, la Seine et la Marne, et la base, où s'érige la statue du Béarnais sur une demi-lune du Pont-Neuf, en avant de l'ancienne rangée de maisons du Pont, pendant que sur le premier état une petite lampe brûle et rayonne au premier plan. Le second état est orné de la barque symbolique de Paris. Petite merveille de composition et de goût.

Hélas ! Meryon, tout en restant le maître de son cuivre et de son burin, donne les preuves de son déséquilibre sur les œuvres même où il continue à tracer son sillon avec sa fermeté coutumière. Il entreprend, pour créer une sorte de pendant à sa *Loi solaire*, de formuler

C. MERYON SC.

ADRESSE DE ROCHOUX

la *Loi lunaire*, qu'il commente ainsi par une page de son inspiration falote :

Si j'étais Dictateur de quelque forte République (ce qui ne saurait être)

Vu 1° que le Lit de nos Cités est meublé de Paresse et de Luxure, que la position droite est de toutes la plus noble, que celle couchée ne convient qu'aux infirmes et aux morts, Interdirais les usages du dit meuble dans toute l'étendue de mes Etats, forçant Hommes et Femmes à dormir — debout et dehors dans des niches verticales, fichées en terre, tangentes de ceux qui y sont renfermés, les tenant en strict respect, la seule face libre, tournée vers le Levant pour que l'aube matinale les frappât de sa lumière.

Vu 2° que la Nuit veut Repos et Silence, que la Lune en est le flambeau naturel, — que toute œuvre nocturne est à la fois préjudiciable au parfait état de l'homme et du corps, — Interdirais tout moyen factice de prolonger le jour, — ne tolérant que les feux strictement nécessaires aux us de la vie, tant par économie de substances utiles qui se consument vainement en fumée, que dans un but conservateur des organes du souffle et de la Vue.

Cette Loi, cause puissante de force et de dureté, s'appellerait

Loi Lunaire

C. Meryon *fecit*. Paris 1856.   Imp. f. St Jacques n° 81.

Cette première planche de la *Loi lunaire*, de 1856, rectangulaire en largeur, est ornée, autour de la prose de Meryon, de boîtes en forme de cercueils, et au bas, d'une flamme qui brûle sur un trépied.

Ce que dévoile cette Loi lunaire, gravure et texte, devient inquiétant, et c'est à ce moment que Mme Foleÿ, qui a partagé l'amitié de son mari pour Meryon, trace, dans ses « Souvenirs », ce portrait de l'artiste rencontré souvent faubourg Saint-Jacques, et qui allait, le nez en l'air, les yeux tristes, tout grands ouverts, sans rien voir ni rien entendre, absorbé par ses sombres impressions. Mme Foleÿ le supposait en proie à des chagrins profonds, à une vive douleur, à une passion malheureuse, mais il restait calme, aucun ravage des traits sous la fixité d'une pensée unique. Il était une énigme. Aussi la surprise fut grande lorsque Foleÿ dit son ami atteint de folie, folie sans violence, se trahissant seulement par l'expression d'un tourment intérieur si intense, si poignant ! Et quel être singulier il révélait, aussitôt qu'on lui parlait, qu'on attirait son attention : « Tout aussitôt, doux, aimable, timide, modeste, il écoutait, il oubliait son cauchemar intime, devenait le plus gai des causeurs. Il riait d'un rire si naïf et si bon, qu'il donnait envie de rire comme lui. C'était surtout à Guignol ou au Cirque que son rire éclatait. »

La manie déformante et le délire de la persécution grandissaient en lui. Il ne cessa pas, pendant plusieurs années, de songer à la fille de son restaurateur, décrite par Mme Foleÿ, et que Burty désigne aussi comme la « fillette de crèmerie dont Meryon s'était épris et qu'il voulait épouser ».

C. MERYON Sc.

LA LOI LUNAIRE

XXXIV. — TRISTE ÉTAT MENTAL ET CHARMANT CARACTÈRE. RÊVE D'AMOUR ET CAUCHEMAR DE PERSÉCUTION

Sur ce désir, auquel il mêle l'influence des Tuileries, Meryon lui-même révèle son état mental dans une lettre adressée à M. Neveu, le 21 juin 1856. Il y divague sans retenue, mêlant la famille de M. Neveu, sa femme, sa fille, à ses délires de persécution. Il morigène M. Neveu, qu'il accuse de faiblesse, et même de lâcheté, qu'il met en garde contre les Tuileries : « Défiez-vous des Tuileries ; j'y vois clair. Il est là des gens qui complotent contre le bonheur, peut-être contre la vie de votre fille. » Ces gens-là sont d'infâmes scélérats, ils corrompent le cœur de la mère, veulent ravir à la fille le bonheur de sa vie, la santé de son corps, bafoueraient toute la famille, lui donneraient la mort et le déshonneur. « Ne vous fiez point à de pareils hommes, que leurs agents ne souillent point votre demeure ! » Meryon se proclame sans cesse victime de la persécution de Napoléon III, montre une terreur nerveuse à la vue d'une colossale image de la « Redingote Grise », peinte et affichée sur les murs comme enseigne d'un magasin de nouveautés. C'est cela, et son sentiment amoureux, qui occupe sa cervelle exaltée.

Meryon avoue aimer Louise (Mlle Neveu) non d'une passion désordonnée, mais d'une amitié réelle, mêlée d'amour. Il la désire pour compagne, certain qu'il est de pouvoir la rendre heureuse, plus que qui que ce soit au monde. Et Meryon revient aux Tuileries, pour déclamer que Sa Majesté, qui cumule les titres de meurtrier, d'assassin, d'empoisonneur, de faussaire, de voleur, a dit qu'il n'aurait rempli sa mission qu'après avoir fait tomber sa tête, et il trouverait peut-être assez de jean-foutre pour le faire, mais Meryon ne le craint point, et se fait fort, au besoin, de le remettre à sa place en plein tribunal.

Sur ce, il réclame à M. Neveu sa fille, voire même sans curé ni maire (ce qui serait encore le plus juste et le plus logique), et quand le père voudra la lui donner, il lui en sera bien reconnaissant.

En post-scriptum, il répond à Mme Neveu qui prétend que Meryon doit abuser de sa fille : « Ai-je donc, dit-il, jamais abusé d'elle-même ?

L'ARCHE DU PONT NOTRE-DAME

Il faudrait d'abord qu'elle le voulût bien. » Il ajoute : « Enfin, comme dit Louise, si nous ne pouvons nous en empêcher, tant pis pour nous. » Et il formule cette proposition que Mme Neveu vienne habiter avec eux, pour éclairer sa fille de ses salutaires conseils. Il ne demande pas mieux...

Il écrit à Louise Neveu, le même jour, 21 juin 1856 :

« Maintenant, aussi vrai que Mme Neveu est une femme bassement égoïste et fausse (quoique j'ai souvent remarqué sur son front les signes de la grandeur d'âme) ; aussi vrai que vous êtes parfois une bonne petite femme et que je coucherais bien avec vous (n'en déplaise à M. Vildieu), aussi vrai que : Sa Majesté Napoléon III n'est qu'un sale banian, vous ne vous conduisez pas gentiment à mon égard.

« Votre ami, C. MERYON. »

Ce même jour encore, le 21 juin, il demande à Foleÿ d'être son interprète auprès de Mme Neveu, pour la décider à lui donner sa fille. Elle craint que Meryon n'en abuse, mais en admettant qu'il soit d'une nature vicieuse quand même, sa fille est parfaitement d'âge à se gouverner elle-même. Il ne craint pas la maladie dont elle est atteinte. Si, ce qui est probable, cette maladie le gagne, il sera, par lui-même, préservé d'autres maux plus redoutables. Enfin, Foleÿ leur donnera ses soins.

M. Neveu (8, quai des Ormes) met les choses au point le 2 septembre 1856. M. Meryon, écrit-il à Foleÿ, est tout-à-fait malade, il serait urgent de le faire soigner. On se garde de lui ouvrir la porte, et il est allé au bureau de M. Neveu où il lui a fait une scène. Il veut Louise, et M. Neveu est un lâche de se laisser mener par l'Empereur, qui est cause que M. Neveu ne veut pas donner Louise à Meryon. Il a débité des horreurs sur Napoléon et son entourage, affirmant qu'il saurait bien s'en débarrasser. M. Neveu trouve que c'est fort désagréable. Il réclame pour Meryon une maison de santé, car il craint qu'il devienne dangereux. Le commissaire, prévenu, dit qu'on ne peut l'enfermer tant qu'il n'a rien fait d'extravagant. Ce n'est guère plaisant s'il faut attendre qu'il casse la tête à quelqu'un.

Un fait qui est relaté par Mme Foleÿ se produit le 3 janvier 1857

Meryon entre, nerveux, surexcité, raconte que pour avoir fait à Napoléon III des reproches sur sa conduite envers lui, Meryon, l'archevêque de Paris a été assassiné par ordre de l'Empereur dans l'église Saint-Étienne-du-Mont. Ce même jour, en effet, un prêtre défroqué, devenu fou, avait frappé Mgr Sibour en criant : « A bas les déesses ! » Meryon avait su l'assassinat et en apportait la nouvelle aux Foleÿ qui habitaient alors boulevard du Temple. Un autre jour, Meryon révèle à ses amis l'existence du parti des Chiffonniers, qui existait au temps de Moïse, qui s'est manifesté pendant la Révolution aux journées de Septembre, etc.

Peu après, Foleÿ alla s'établir à Mantes, d'où il envoyait quelque argent à Meryon. Celui-ci vivait seul, servi par un ancien matelot, Fabre, lequel, pour le logis et la nourriture, faisait le ménage, la cuisine. Puis Meryon lui fit creuser son jardin, pour y découvrir un cadavre ou un trésor.

XXXV. - PÉRIODE MISÉRABLE

Une lettre de Salicis adressée le 8 septembre 1856 à Foleÿ, élève à bord du *Rhin*, à Toulon-sur-Mer, demande des nouvelles de la traversée du *Rhin*, qui était en juin à Saint-Hélène. Il y a eu 80 jours à peu près de traversée : « Comment se porte M. Bérard ?... Et ce bon Meryon, va-t-il venir à Paris ?... Et Vedel ?... Rappelle-moi à tous ces compagnons de misère, sans oublier M. Reynaud et Protet. »

Le 5 avril 1857, Meryon envoie à M. Foleÿ, rue Nationale, à Mantes (Seine-et-Oise) trois dessins du *Journal Amusant*, et il écrit sur les enveloppes pour désigner les dessins : *Le petit Trongnoux*, *l'Homme à la trombine*, *le Médecin de campagne*, et il se déclare très obligé si on lui fait tenir ce dont on pourra disposer pour lui.

Le 31 mai 1857, il envoie à Foleÿ huit numéros de la loterie que ses amis ont organisée pour lui, et qu'il espère voir tirer sous peu. Ses affaires ne sont pas en bonne voie, loin de là. Il félicite Foleÿ d'être heureux de recueillir les fruits de sa vie passée qui a été, il le sait, toujours droite et généreuse. Et l'on croit l'entendre pousser un soupir lorsqu'il écrit : « Enfin !... »

Le 6 juin 1857, il fait connaître à Foleÿ sa détermination de se défaire de tout ce qu'il possède, à l'exception de quelques objets de première nécessité. Il lui demande de lui acheter tous les objets rapportés des lieux qu'ils ont vus ensemble. Il a besoin d'argent pour mettre en train un tirage de ses planches, dont il compte placer un certain nombre de collections. Il a remis aussi à Salicis pour Foleÿ un paquet de papiers, qu'il lui confie jusqu'à ce qu'il les redemande : ce sont des notes, des dessins, des petits croquis, relatifs au voyage du *Rhin*.

Le même jour, le graveur Bléry écrit à Foleÿ pour le mettre au courant de l'humeur de Meryon. Il craint que celui-ci ne se suicide, il renvoie à chacun ce qu'il en a reçu, vend ou donne avec insouciance tout ce qui est chez lui, paraît démoralisé au dernier point. Il est aussi dans une gêne extrême, et Bléry s'occupe d'une loterie pour l'aider à distraire sa pensée. Il détaille l'aberration de l'esprit de Meryon, prétendant que l'Empereur et son parti ont résolu sa perte ; qu'on a voulu l'empoisonner avec du pain fait exprès ; que la maison qu'il habite est un ancien repaire où les gens du pouvoir ont commis mille atrocités que le jardin a servi à cacher, jardin qu'il fouille sans cesse pour y trouver les preuves de ce qu'il affirme ; qu'il subit des tortures continuelles depuis qu'à Sainte-Hélène il a écrit sur le registre des notes qui blâment l'emploi de la force.

Bléry désire que Foleÿ appelle près de lui Meryon, qui doit quitter son logement le 1ᵉʳ juillet et qui refuse de se loger ailleurs.

Le 16 juin, Meryon demande à Foleÿ 60 francs, que Foleÿ peut remettre à Fabre. Il fixe le prix du dessin (l'*Assassinat de Marion Dufrène*, sans doute), à 200 francs.

Une seconde lettre de Bléry, du 16 juin 1857, fait savoir que l'on va souscrire pour une somme assez forte à ses gravures, et qu'il l'a engagé à s'occuper d'un tirage suffisant pour satisfaire aux demandes. La loterie lui permet de payer ses dépenses journalières et d'acquitter ses dettes les plus criardes. Bléry insiste pour que Meryon aille passer quelque temps auprès du docteur Foleÿ, et en même temps il souhaite qu'il puisse entrer dans l'administration de la Marine, qui lui donnerait un fixe nécessaire contre les rigueurs du manque d'argent. Les Arts, tels qu'il les pratique, ne peuvent pas suffire à sa vie. Un emploi est le seul moyen d'occuper son esprit. Meryon souscrirait volontiers à cette idée, jugeant sa situation précaire. Il ne sait pas compter, il gaspille ses ressources, alors le malheur vient l'atteindre, il n'est pas assez fortement trempé pour surmonter les secousses que presque tous, ajoute Bléry, nous avons connues. Cependant, que Meryon ne joue pas à ce jeu trop de fois, car l'intérêt passe vite chez les hommes, la jeunesse file au galop, et toutes les portes se ferment. « Enfin, conclut l'honnête graveur, chacun dans sa sphère d'action, aidant de son mieux, il se peut que l'on tire ce brave jeune homme de sa mauvaise passe. »

En somme, Meryon est dans la misère et ses amis cherchent le moyen de l'aider à vivre et de lui donner quelque repos. Le duc d'Arenberg, qui avait feuilleté à Montpellier les livraisons de ses vues de Paris, l'appelle à Bruxelles, où il lui offre asile et travail dans une de ses propriétés.

Le 18 juin 1857, Meryon écrit à Foleÿ que le duc d'Arenberg l'attend en Belgique et qu'il a touché 200 francs pour ses frais de voyage. Il ne renonce pas pour cela à sa collaboration de dessins et de gravures dans un ouvrage que prépare Foleÿ.

Le 1 juillet 1857, il envoie à Foleÿ par le chemin de fer une caisse de curiosités avec les dessins faits pendant le cours de leur campagne. Il le prie de les conserver avec soin.

Par une lettre non datée, il dit à Foleÿ qu'il lui enverra Fabre, étant à court d'argent. Il ne pense pas pouvoir toucher avant quelques jours les 400 francs d'une souscription qui lui a été consentie par le ministère d'État.

Une autre lettre sans date, au moment de partir pour la Belgique, demande de l'argent pour Fabre, qui sera sans place, Meryon parti. Il en enverra de là bas. Il a reçu du duc 300 francs, et il ne désespère pas de voir la paix lui revenir avec un peu d'aisance.

Le 23 juillet 1857, Meryon a déménagé, occupe maintenant une chambre rue des Fossés-Saint-Jacques, n° 3. Il devait partir en Belgique le 15, mais il a demandé un répit, pour terminer le tirage des 25 exemplaires de son ouvrage, souscrits par le ministère. Il a livré ses

TOURELLE DE LA RUE DE LA TIXERANDERIE

épreuves, il attend le mandat, et compte faire une procuration pour quitter Paris, chargeant un ami de payer une parti de ses dettes. Avant son départ, il lègue en toute propriété au docteur Foleÿ, les objets qu'il lui a envoyés. Il a reçu de lui de l'argent depuis qu'il lui a livré son tableau de « Marion », mais il veut bien admettre que son ami est encore son débiteur. Tout ce commencement de lettre est parfaitement raisonnable. Le reste aussi, mais enfantin au possible. Ce sont de graves (et puériles) considérations sur la civilisation, sur les sauvages qu'il croit descendants d'individus ou de familles débarqués pour cause de crimes, de délits, de vices. Cela l'amène à parler des peuplades des nouveaux Zélandais, du vice de Sodome, et il va se perdant en considérations sociologiques et morales d'où l'on ne peut guère extraire une conclusion. Il l'ajourne d'ailleurs pour donner des nouvelles de sa loterie, des lots gagnés par Salicis, par M. Niel, etc.

Mme Broadwood a reçu une lettre de Meryon l'informant de son prochain séjour chez le duc d'Arenberg. Elle se demande, le 2 août 1857, si ce voyage de Charles, sa position chez le duc, les travaux que l'on va lui confier, si tout cela est une réalité ou une illusion enfantée par un cerveau malade. Elle demande des renseignements, donne sa nouvelle adresse : *Mount Sion, Imbridge Wells, Kent.*

Autre lettre de Mme Broadwood, le 12 août 1857. Elle a reçu une nouvelle lettre de Meryon, déraisonnable cette fois, demandant de l'argent. Il est irrité contre elle et contre « quelqu'un de grand et de puissant », allusion à l'Empereur Napoléon III.

Lettre de Mme Broadwood du 16 août. Charles lui a écrit de Bruxelles. Le duc d'Arenberg est plein de bontés pour lui. Il n'habite pas encore le château, il est à l'Hôtel Royal, à Enghun, près Bruxelles. Mme Broadwood demande s'il faut avertir le duc de la maladie ou de l'originalité de son hôte. Il peut longtemps attribuer ses manières à son manque d'usage du monde, et ensuite, ayant trouvé ses talents utiles, le garder malgré tout. Cependant, il est très difficile de prendre une décision.

Le 19 août 1857, Mme Broadwood estime que ce voyage en Belgique était bien désirable. Charles lui avait mandé qu'il serait probablement forcé de quitter la maisonnette qu'il habite depuis deux ou trois ans.

Ne serait-ce pas un avantage? Le loyer a toujours été trop lourd pour lui, et s'il n'avait qu'une chambre garnie, il pourrait se débarrasser de son domestique. Mᵐᵉ Broadwood félicite Foleÿ de son récent mariage, que lui a annoncé Mᵐᵉ Blouin (sa cousine?).

XXXVI. — MERYON A BRUXELLES. — IMAGINATIONS DÉLIRANTES. — RETOUR A PARIS

Meryon s'est donc décidé à se mettre en route pour la Belgique et le château du duc d'Arenberg. Dans une lettre écrite à Foleÿ, datée d'Enghun (Belgique), le 3 novembre 1857, Meryon prie Foleÿ de venir en aide à Fabre (son marin), brave garçon valant certainement mieux que tant de gens égoïstes et cupides. Ne fait-il point partie de ces hommes généreux toujours prêts à sacrifier leur vie pour défendre les autres? S'est-il jamais vendu? Meryon a appris avec peine la mort du maître de Foleÿ, Auguste Comte, et il ajoute : « Sa mort a-t-elle été bien naturelle? »

Le 17 février 1858, datée d'Enghun encore, Meryon écrit à Foleÿ une longue lettre qui commence par cette invocation : « Bon, juste et généreux Foleÿ ». Il sait qu'il a perdu tous ses amis, abandon mérité. Il s'accuse de ses bas et vifs emportements, que son cœur même réprouvait, contre les hommes d'un parti formidable qui n'avaient agi vis-à-vis de lui qu'avec une extrême bonté. Et d'autres souvenirs occasionnent en lui de cuisants remords, sa conduite vis-à-vis de cette pauvre famille où il a, par sa démence, par son acharnement criminel, malgré les cris de sa conscience, causé d'irréparables malheurs. Il imagine tout un drame sentimental, supplie Foleÿ de calmer les douleurs de la pauvre femme soumise par lui à des tortures inexprimables. Qu'on lui prodigue des soins, que pas un ne l'insulte! C'est une noble nature aigrie par le malheur, par l'ingratitude... Le coupable, c'est lui, Meryon. Que sa fille, accablée aussi par lui de si dures calamités, revienne vers sa mère, qu'elle se soumette, c'est ce qui lui reste de mieux à faire. « De la modération pour tous, pour elle, je le demande à genoux... Hélas! mon Dieu! que de mal j'ai fait! » Il voit bien qu'il

lui faut, sans tarder, se rendre à Paris pour s'y faire, il en a peur,
enterrer avant peu. Il veut y être de toutes manières pour l'époque du
jugement des inculpés dans l'attentat (d'Orsini) contre l'Empereur
« haut et puissant souverain, noble cœur », dont il apprécie maintenant, trop tard sans doute, la souveraine Justice, l'infinie patience. Et il
conclut : « Voilà donc où mènent l'inconduite, l'irréligion, la débauche,
la faiblesse arrogante, la fausseté, l'hypocrisie... triste exemple que
taxeront ceux qui m'ont connu, car le silence devra peser éternellement sur ma tombe. »

Il signe : « Votre ancien et pauvre ami C. M. Je reste à l'Hôtel
Royal, chez de bien dignes gens, ma foi. »

Suite à la lettre précédente, ou plutôt autre version, car elle commence de la même manière. Il reparle de sa conscience, des maux qu'il
a causés, du peu de temps qui lui reste à vivre, de sa vanité stupide,
des injustes, méprisables, inqualifiables sorties contre des personnes
très haut placées, et enfin, et surtout, de la conduite cruelle qu'il a
tenue envers cette pauvre et digne femme, du mauvais destin qui l'a
poussé à l'invectiver, à la torturer, à lui déchirer le cœur... Son cerveau
s'exalte : il supplie Foleÿ : « Oh ! de grâce, allez vers elle, consolez-la...
Souvent, bien souvent, elle m'apparaît comme un spectre, pâle, défi-
gurée, meurtrie, les yeux secs... Dieu ! quel mal j'ai dû lui faire ! oh ! je
vous lègue sa douleur, ne l'abandonnez point... Une des faveurs que je
demanderais au ciel serait en mes moments de répit, de prendre ses
mains tremblantes de fièvre, de les couvrir de larmes de repentir...
Oh ! je l'entends me répondre de sa voix affaiblie... Il est bien temps...
Vous nous avez tous tués... couverts d'opprobre... Comment ai-je pu
salir, déchirer de la sorte... » Il continue. Sa parole errante évoque
en termes bizarres les douces observations, les prières, presque
des larmes, répondant à ses assauts incessants, francs tout d'abord,
quoique entachés d'irrévérence, puis dégénérant en lâches obsessions,
en démarches viles, déshonorantes, dont se soulevait son propre
cœur.

Meryon emploie des mots à peu près au hasard sans connaître
leur sens, et toute cette histoire qui l'a fait délirer, devient sous
l'amas des années, froide et incompréhensible, comme tant d'autres
histoires qui ont fait battre des cœurs passionnés et ont enivré des

esprits sensibles. Il construit un roman, il évoque la jeunesse difficile de cette femme, sa vie laborieuse « plutôt que dissipée », ses
dettes pour satisfaire aux exigences de gens « souvent peu raison-
nables qui trouvaient auprès d'elle une vie peu coûteuse ». Et lui-
même, qui trouvait là soins empressés, crédit dont il abusait !...
Combien méprisable a été sa conduite ! « Hélas ! hélas ! ô malheur,
pauvre femme ! que n'a-t-elle dû souffrir ! Oh ! comme je sais bien
qu'ils m'ont tous maudit ! Elle, son fils, sa sœur, son pauvre vieux
père... tous enfin, tous... et sans doute aussi sa pauvre fille sur la tête
de qui ma fausse obstination a fait peser tant de maux... Que cette
confession est tardive !... Hélas ! quelle démence ! » Et il part dans
un récit d'une planche qu'il avait entreprise, et que, par un reste de
superstition, il garantissait de deux foulards que cette pauvre femme
lui avait donnés. Et l'œuvre menée à bonne fin (par un sort favorable,
inattendu), que fait-il ? O malheur de malheur ! Qu'ai-je fait, mon
Dieu ! qu'ai-je fait ? Au lieu de courir vers la pauvre femme pour
solliciter son pardon, je l'ai menacée de mort... elle... les siens...
O funeste aveuglement ! ô pauvre femme... pauvre victime !... Je suis
le dernier des derniers !... Consolez-la, qu'on lui donne des soins,
qu'on sèche ses larmes ! » L'écriture de Meryon devient, elle aussi,
divagante, il laisse un mot à moitié écrit : « Et sa f... » Il semble à
bout de forces.

Le séjour chez le prince d'Arenberg n'a pas été de longue durée.
Meryon s'y trouvait désœuvré, ne se donnait pas au travail comme on
l'avait espéré. Installé dans le château, au milieu d'un parc, il passait
ses journées à errer dans le parc, paraissait de plus en plus songeur
et inquiet. Il rêve, il dessine, mais il ne peut supporter longtemps la
solitude. Elle ne le guérit pas et ne l'inspire pas. Il lui fallait les vieilles
pierres de Paris, les ponts jetés sur l'eau rapide, les panoramas de
tours, de tourelles et de toits, les ciels encombrés de nuages gris où
passent des lueurs furtives. Il revint : brusquement il quitte le séjour
paisible qui lui avait été offert pour retourner vers le mystérieux Paris
qui l'attire, qui l'appelle, abîme dont il est la proie.

LE PONT-NEUF

XXXVII. — ENTRÉE A CHARENTON

Il s'installe rue du Faubourg-Saint-Jacques, n° 81, la deuxième porte à gauche après la rue Soufflot, dans un petit pavillon qui est la propriété du graveur Léon Gaucherel. Là, sa démence se caractérise.

Au petit pavillon est joint un jardin que Meryon bêche et rebêche sans cesse pour y découvrir des cadavres. Il est définitivement un persécuté. Il se plaint du sort, s'emporte, passe de la violence à l'atonie. Il est farouche, inabordable. Ses amis voient l'impossibilité de le laisser libre : ou il attentera à sa vie, ou il commettra sur d'autres quelque acte de violence. Toute une correspondance s'échange, dont il est l'objet, pour essayer de le soustraire à un sort tragique.

Le 3 avril 1858, Salicis, qui habite 17, rue des Postes, fait savoir à Foleÿ que le malheureux Meryon est de retour à Paris après une campagne nulle en Belgique : il est complètement aliéné : « Il est convaincu que depuis l'attentat d'Orsini, il est condamné à mort. Dans cette triste idée fixe, il ne parle que de se tuer avant qu'on l'arrête, et cependant il a des armes chargées pour se défendre. Il ne quitte pas son lit, où ruminant sans cesse son idée fixe et mangeant à peine, il ne fait que s'exalter de plus en plus. »

Salicis est d'avis d'écrire au père ou à la sœur pour qu'ils se décident à payer la pension nécessaire pour faire tenir quelque temps Meryon à Charenton, — le seul moyen de lui faire éviter Bicêtre.

Mme Broadwood, attristée, écrit le 5 avril, son ignorance des lois qui régissent les aliénés en France. Elle est encore d'avis d'écrire au père. Elle est prête à envoyer de l'argent, et son mari pourrait venir à Paris si sa présence était utile au pauvre Meryon. Elle dit de lui ceci : « Charles Meryon dans son enfance montrait de grands talents. Il apprenait avec grande facilité et était fort joyeux et d'une assez bonne santé. Il doit avoir maintenant 35 ans. » Elle redonne son adresse : « Mount Sion, Imbridge Wells » ; celle du docteur Charles-Louis Meryon : « North end Hammersmith » ; celle de Mme Blouin (cousine de Meryon par sa mère) : « 81, boulevard Beaumarchais, Paris. »

Le maître en gravure de Meryon, Eugène Bléry est étonné du retour de Meryon depuis à peu près trois semaines. Il ne quitte pas son lit dans la chambre qu'il occupe rue des Fossés-Saint-Jacques, louée avant son départ pour la Belgique. Là, plein d'hallucinations étranges, il ne veut plus sortir ni voir personne, mourir enfin, dit-il, car il se dit incapable de travailler, vu, dit-il, les forces qui me manquent et la vie qui me quitte. On ne peut comprendre pourquoi il a quitté le duc d'Arenberg. On ne peut attribuer l'enchaînement de cette existence désastreuse qu'au dérangement du cerveau, jamais Bléry n'a vu Meryon dans une assiette raisonnable, mais depuis quelques années le mal s'est aggravé. Cela est fâcheux et bien triste, car « le fond est bon chez Meryon et son talent était apprécié comme il le méritait ; il ne lui eût fallu qu'un jugement plus droit et surtout que le mal ne soit pas venu porter atteinte à ses facultés pour en faire un homme distingué dans les arts. »

Il est soigné par l'imprimeur de ses eaux-fortes, M. Delâtre, rue Saint-Jacques, n° 171. Celui-ci le voit tous les jours, le soigne, essaie de le calmer. Meryon se couche avec un pistolet sous son traversin, dont il menace les intrus.

Comme Foleÿ, Salicis croit Meryon incurable. Si un prêtre peut changer ses terreurs en espérances, il quittera l'enfer pour entrevoir le paradis, ce sera bien quelque chose de gagné. Mais la partie matérielle ne sera pas améliorée. Au lieu de secours irréguliers que sa famille lui envoie de loin en loin, il serait à désirer qu'elle se résolût à payer sa pension à la maison de Charenton, où les aliénés sont aussi bien qu'on peut l'exiger. Salicis écrit cela à Foleÿ le 10 avril 1858.

Le 13 avril, Bléry écrit de nouveau à M. Foleÿ pour lui demander l'adresse de la sœur de Meryon à laquelle une personne qui va en Angleterre pourra remettre une lettre et lui parler de son frère. Celui-ci persiste à rester couché et à ne pas sortir de sa chambre. Il faudrait assurer le paiement du loyer pour qu'on ne mit pas dehors le pauvre malade. Que veut faire sa sœur ? Bléry annonce qu'on va faire un tirage bon marché des cuivres de Meryon et aviser à les placer pour faire un peu d'argent.

Le même jour, Auguste Delâtre, l'imprimeur et l'ami de Meryon, écrit qu'il a chez lui les cuivres sur Paris, qu'il s'occupe d'en faire des tirages, qu'il a dû, avec Bléry, arracher les cuivres des mains de Meryon qui voulait les biffer. Le propriétaire demande 125 francs. S'il est possible à Foleÿ de les envoyer, Delâtre préviendra le concierge qui montera avec ses quittances.

La possibilité de faire entrer Meryon à Charenton se précise. Un M. Lonchampt, ami positiviste de Foleÿ, le renseigne sur un interne, le Dr Sémerie, qui est, dit-il, un charmant jeune homme. La lettre contient des considérations sociologiques : « Tous les états sont faux aujourd'hui, comme tous les liens sociaux, et la société tout entière. Triste temps dans lequel il nous faut vivre et combattre. Rien de nouveau ici. J'ai eu la traduction anglaise du catéchisme, dont je suis très satisfait et qui me semble devoir être très utile en Angleterre. Dès que Laffitte sera de retour, je me mettrai à vous trouver une copie des lettres d'Auguste Comte. »

Le 16 avril 1858, Mme Broadwood mande à Foleÿ qu'elle a reçu une lettre de Salicis, pleine de sympathie pour les infortunes du pauvre Charles. Cette lettre dit que si l'on ne vient à l'aide de Meryon, il sera certainement enlevé et enfermé à Bicêtre, et que ce sort serait affreux. Au lieu de cela, moyennant une pension annuelle de mille francs, Meryon pourrait être placé dans la maison impériale de Charenton, où tout est parfaitement convenable. Mme Broadwood a envoyé la lettre de Salicis au docteur Meryon. Elle veut bien partager avec celui-ci les dépenses, promet cinq ou six cents francs par an. Elle ne peut s'engager à payer toute la pension. Elle espère que son mari pourra aller à Paris dans quelques jours.

Le jeune interne Sémerie écrit d'Aix pour annoncer qu'il part le lendemain pour Paris, et qu'aussitôt arrivé, il enverra le prospectus de la maison de Charenton. Sémerie est aussi un positiviste républicain. Il termine sa lettre par : « Salut et Fraternité. » (J'ai vu le docteur Sémerie, plus tard, en 1880, à la *Justice*, journal de Clemenceau, qu'il avait connu à Bicêtre. Il apportait à la *Justice* des brochures positivistes. C'était un homme au vaste front, au visage pâle terminé par une barbiche noire.)

Le 25 avril 1858, le Dr Sémerie envoie le prospectus promis avec une lettre explicative. A Charenton, les malades sont divisés en trois classes, distinction qui n'a trait qu'à la nourriture, car pour tout le reste, et spécialement pour les soins médicaux, il n'y a aucune différence. Le choix de la classe sera nécessairement subordonné à la

112

position de fortune du malade, mais Sémerie conseille de ne pas choisir la 3e classe. Il convient que la nourriture y est suffisante et saine, mais rien de plus, et l'alimentation animale y joue un trop petit rôle. Le régime de la 2e classe est fort convenable. Pour le traitement médical, malgré les améliorations effectuées depuis 50 à 60 ans, malgré tout le bien-être dont on cherche à entourer les malheureux hospitalisés, Sémerie avoue que les médecins aliénistes sont encore, comme Foleÿ le lui a dit énergiquement un jour, des « ânes qui traitent des chevaux ». Il ajoute : « Nous ne faisons pas encore du bien, mais nous ne faisons plus beaucoup de mal. C'est un grand progrès. » Si la reclusion devient indispensable, qu'on le prévienne, il sera présent pour tous renseignements, le jour où sera amené le malade.

Le sculpteur Etex, qui s'est toujours intéressé à Meryon, offre son concours pour le faire entrer dans une maison où son avenir serait assuré. Etex, le 4 mai 1858, a passé deux heures avec Meryon en compagnie de Delâtre. Il conseille Charenton.

C'est un glas qui tinte lugubrement dans toutes les lettres des amis de Meryon. Le 5 mai 1858, Salicis fait savoir à Foleÿ qu'il a vu à Paris M. Broadwood, lequel n'a pu aller voir Foleÿ à Mantes. Salicis a obtenu de M. de Mercey une souscription de 500 francs pour des épreuves que Delâtre va tirer. Cet événement imprévu a été très agréable à Meryon, de même qu'un mandat de 100 francs que lui alloue le surintendant des Beaux-Arts, M. de Niewerkerke, en qualité d'artiste, promettant aussi de le faire entrer comme pensionnaire à Charenton, en s'adressant au directeur de l'Assistance publique. Cent francs et Charenton, telle est la contribution de l'État pour assurer le sort du génial graveur! M. Broadwood a remis un petit secours à Salicis qui s'en est servi pour payer le loyer arriéré, donner quelques sous à Fabre, et pris avec Delâtre l'engagement de lui payer la nourriture de Meryon à raison de 1 fr. 25 par jour. Le péril le plus imminent est donc conjuré. Et il plaide de nouveau pour Charenton. Nulle part, de conditions meilleures, des soins excellents, et l'établissement est tellement spacieux et varié qu'il n'a d'un hôpital que le nom : « C'est véritablement un vaste et beau château d'aliénés avec parc : à peine en voit-on les murs. » La question financière serait tranchée soit par l'Assistance publique, soit par M. Broadwood. Six mois de séjour

CHARLES MÉRYON PAR LÉOPOLD FLAMENG

seraient plus que suffisants pour ramener l'esprit de Meryon à un
état moins aigu. Ce qui est difficile, c'est de le tromper pour le conduire à Charenton. Salicis ne sait trop comment s'y prendre, même
en faisant le sacrifice de l'amitié que Meryon a pour lui, c'est-à-dire
en l'y conduisant lui-même.

Le 9 mai 1858, Sémerie écrit de Charenton pour traiter la question
du transport de Meryon. La maison n'a pas un service spécial de
voitures ou d'hommes pour aller chercher les pensionnaires. Il faut
avant tout un certificat de médecin constatant que Meryon est atteint
d'aliénation mentale et que son état exige qu'il soit enfermé au plus
vite dans une maison de santé spéciale. Munis de cette pièce, les
parents du malade prient le maire ou le commissaire de police de
mettre à leur disposition deux agents pour le conduire à Charenton.
Dans le cas de résistance énergique, une camisole de force serait suffisante pour rendre le malade inoffensif. On évite ces mesures rigoureuses en persuadant à l'aliéné qu'il s'agit d'un voyage ou d'une affaire
importante. Dans le cas de Meryon, ce pourrait être une visite au
ministère de la marine. Toutefois, le directeur peut envoyer un sur-
veillant et un ou deux infirmiers aux frais de la famille. Il termine :
« Salut et Fraternité. »

La raison de Meryon s'altéra davantage, il fut le sombre Meryon,
triste et méfiant, voyant des ennemis en ses amis. Il ne connut plus le
repos, ni le travail. Il écrivait de longs mémoires. Delâtre, un jour, se
hâtant vers lui, le trouva couché, refusant de se lever, de suivre son
ami au restaurant. Delâtre ne le quitta pas, lui fit servir des repas,
l'obligea à se nourrir, prévint d'urgence ses amis, Salicis, son compagnon de navigation, Bléry, son maître d'eau-forte, le graveur Léopold
Flameng auquel il demanda le portrait de Meryon. Le 11 mai 1858,
il se passa une scène pénible entre Meryon et Flameng. Meryon avait
accepté, ou plutôt supporté, que Flameng dessinât son portrait, mais
il le regardait travailler avec des yeux étranges, peu à peu l'observait
d'un regard plus épieur, bientôt courroucé, et tout à coup se jetant à
bas de son lit, se précipitait sur le dessinateur qui n'eut que le temps
de s'enfuir, renversant une chaise, emportant son dessin.

Ce portrait est resté, reproduit par la photogravure. Il représente
Meryon couché, ou plutôt assis dans son lit, la chevelure en désordre,

un genou soulevé où s'appuie le coude qui soutient la tête. La physionomie est inquiète et épieuse, le geste violent est indiqué, on devine que le malade est en proie à une idée fixe et qu'il va bondir hors de son lit. L'ombre sur le mur achève de rendre la scène fantastique.

Le lendemain, 12 mai 1858, deux agents conduisent Meryon à Charenton, sans difficulté. Il avait trente-sept ans. Le « certificat de 24 heures » du docteur Calmel, qui reçoit Meryon à son arrivée, porte : « Délire mélancolique. »

XXXVIII. — ÉTUDE DU DOCTEUR FOLEŸ SUR L'ÉTAT MENTAL DE MERYON

C'est ici la place d'analyser et de citer l'étude sur l'état mental de Meryon écrite par le Dr Foleÿ, qui l'a connu dès sa première jeunesse. Il ne peut y avoir d'observation plus directe et plus sûre :

« C. M... m'a dit, le 25 août 1856, que M. et Mme N... étaient vendus à l'Empereur, et que c'était à cause de cela qu'ils lui refusaient leur fille, que Mme N... voulait la vendre ou la tuer. L'Empereur ne pouvant pas faire disparaître Meryon, trop connu à Paris, persécutait Mlle Neveu pour la faire mourir de chagrin, mais qu'il n'y réussissait pas, Mme Neveu étant presque décidée à donner sa fille à Meryon.

« Je lui fis observer que ni la mère ni l'enfant ne le voulait.

« — Si, la fille veut bien, elle ne demande pas mieux, c'est la mère qui ne veut pas.

« — Alors, attendez sa majorité.

« — Non, je l'aime, elle m'aime et on doit me la donner. Ce n'est pas juste. C'est la jalousie qui empêche Mme Neveu de me la donner.

« — Croyez-vous donc Mme Neveu amoureuse de vous ?

« — Non, plus maintenant, mais elle l'a été.

« — Allons donc ! Vous vous figurez cela.

« — Non, j'ai couché avec elle, je le dis parce que tout Paris le sait, je l'ai dit à son mari.

« — Et que vous a-t-il dit ?

« — Rien. Est-ce que les femmes ne sont pas faites pour coucher avec les hommes? Toutes les femmes ont des amants, elles ne s'en vantent pas, voilà tout.

« — Mais, mon cher, si vous avez couché avec la mère, vous ne pouvez épouser la fille, c'est la plus dégradante immoralité.

« — Immoralité ! il n'y a pas d'immoralité là dedans. J'ai aimé Mme Neveu, elle ressemblait à ma mère, j'ai couché avec elle, c'est tout simple, maintenant je ne l'aime plus, j'aime sa fille, on doit me la donner, sans cela ce n'est pas juste ; il est bien plus immoral de la tuer que de me la donner. C'est ce j...f... de B... qui s'y oppose, mais il ne réussira pas. Il a juré de faire tomber ma tête, il n'ose pas, tout Paris me connaît : je m'appelle Diogène. Il veut m'embêter, qu'il y prenne garde, je le foutrai en bas, je lui ai déjà enlevé les 9/10e de ses partisans. Beaucoup de personnes me secondent, les journaux et les théâtres parlent de moi, on a fait déjà beaucoup de livres sur moi, Mme N... et Mlle N... Je lui ai déjà fait bien du mal et je lui en ferai encore. On joue des pièces, on écrit pour moi, partout, dans tous les journaux, il n'est question que de mon histoire. Tenez, voyez-vous cette redingote ? (affiche du magasin de la *Redingote grise*, rue de Rivoli) vous croyez que c'est celle de son oncle ? pas du tout, c'est la mienne.

« — Comment, la votre ? Vous n'en avez pas eu de grise.

« — Si, j'en ai une, je vous dis que j'en ai une. Tout Paris connaît Diogène. Ce sont mes partisans qui mettent cette affiche sur tous les murs, c'est l'Empereur qui la fait déchirer, voyez bien toutes les affiches comme celle-ci : elles sont abîmées toutes.

« — Allons donc !

« — Croyez moi, j'y vois clair, et vous n'y voyez pas. Je le foutrai en bas.

« — Mais vous n'avez pas envie de tirer sur lui, j'imagine ?

« — Oh ! je n'ai pas besoin de cela, j'ai mes moyens.

« — Vos moyens, laissez-moi donc !

« — Oh ! vous ne voulez pas me croire, même comprendre.

« — Vous comprendre ? Vous parlez à mots couverts, que voulez-vous que je comprenne ? Vos moyens sont des farces.

« — Non. Tenez, vous êtes mon ami. Eh bien ! que vous vous conduisiez mal, bien que vous ne vous conduisiez pas en vrai positi-

116

viste, et que vous ne vous mêliez plus, comme autrefois, de politique,
bien que vous vous laissiez aplatir comme les autres, voyez-vous,
c'est moi qui lui ai enlevé la moitié, les 3/4, les 9/10e de ses partisans.

« Allons donc !

« — Oui, c'est moi qui ai découvert que sa femme n'était pas grosse,
c'est moi qui l'ai dit. C'est pour cela qu'il m'en veut. C'est une canail-
lerie, mais je l'eus... il n'ose pas me toucher, ni ouvertement, ni en
arrière. C'est L.... (Louise) qu'il veut vendre et faire violer afin de
m'empêcher de l'épouser. Ils la feront mourir. Sa mère m'a dit qu'elle
se jetterait à l'eau si je l'épousais. Il faut pourtant qu'elle me la donne,
je ne suis pas cause ensuite si elle se jette à l'eau, je ne peux pas
l'en empêcher si elle le veut. Cela me fera de la peine, parce que je
l'aime, car elle avait bon cœur. On l'a tyrannisée, c'est cela qui l'a
pourrie. Après tout, qu'elle me donne sa fille, si elle se jette à l'eau,
j'en serai fâché. »

Le rédacteur du rapport relate que cette conversation a duré près
de 15 minutes, et qu'à un seul instant, C. M. ne fut pas raisonnable. Il
continue, raconte qu'il a connu C. M. en juin ou juillet 1842. Il était
à cette époque élève de 1re classe. Il fut un des premiers aspirants
embarqués à bord du *Rhin*. Il était alors amoureux d'une blanchis-
seuse qui lui accordait ses faveurs, tandis qu'elle les vendait à un
lieutenant de vaisseau. Il se rencontra chez elle avec l'officier, et il
s'ensuivit des scènes désagréables. Il montra toujours dans ses prétentions d'amant une ténacité excessive. Etait-il jaloux ? je l'ignore.
Tenait-il seulement à des jouissances matérielles, je le crois. La blan-
chisseuse se jeta par une fenêtre et se tua. C. M. ne connut cette fin
tragique que trois ou quatre ans après.

A cette époque, il était original, aimait le dessin, mais était d'une
paresse excessive. Il était fort attaché à un officier qui mourut depuis
à Taïti, mais il n'a jamais suivi ses conseils, ni ceux de personne. Il
était d'un commerce agréable, bizarre, mais bon. Rarement il prenait
part aux discussions multipliées du bord, mais quant il le faisait,
presque toujours il était dans le faux. Il ne cédait jamais. Entêté jusqu'à
l'excès, paresseux on ne peut plus, vivant volontiers seul, il ne se lia
que lentement avec quelques officiers. Sa bonté lui attira l'affection de
l'état-major et de l'équipage.

Pendant tout le cours de la campagne, il montra une répugnance absolue pour toute occupation intellectuelle. Inoccupé des heures entières, l'ennui sur le visage, si on lui disait : « Que faites-vous là, Meryon ? » Il répondait : « Je m'embête ! » Si on lui conseillait de lire, il répondait que cela l'ennuierait tout autant.

Il faisait son service avec régularité, mais avec indifférence. Je prenais le quart après lui, très fréquemment il ignorait la route à suivre et la voiture qu'il avait. Il ne se donnait pas la peine de

PASSAGERS DE CALAIS A FLESSINGUE

répondre à mes questions. Manœuvrer était pour lui une chose insupportable et il attendait toujours au dernier moment. En général, il était taciturne. Avait-il une idée en tête, impossible de la modifier, quelque travail qu'elle pût lui coûter, et il l'exécutait opiniâtrement.

Tout ce qui pouvait contrarier ses vues était injuste à ses yeux. Bon pour les autres, il semblait avoir perdu le sens commun quand il s'agissait de lui. Le travail manuel ne l'effrayait pas : il est resté vingt-huit jours à terre pour construire une pirogue, travaillant comme un manœuvre du matin au soir, presque toujours seul. Il revint à bord par ordre, en fut horriblement choqué. Le jour même il y eut un grand dîner, il but beaucoup et eut le vin méchant.

Régulier dans son service, il en faisait le moins possible. Poli, mais indifférent, il laissait faire ceux qui étaient sous ses ordres. Il n'aimait que fort peu, ou pas, la marine. Il dessinait peu. La paresse le dominait. Il vivait dans une torpeur réelle, ou apparente. Quoiqu'il soit demeuré longtemps sans voir de femmes (dix-sept mois, je pense), quand il en désirait, c'était comme irrésistible. Bien qu'il n'ait jamais été simplement par désir vénérien dans de mauvais lieux, et qu'il y ait toujours eu, combiné avec l'instinct sexuel, un certain attachement, jamais il ne m'a fait l'effet de comprendre l'amour autrement que comme charnel.

Que ses désirs s'adressassent à une femme libre ou non, il n'admettait aucun obstacle, aucune considération. Plusieurs fois il s'est exposé à de mauvais traitements, n'a cédé qu'à la force brutale. Du moment qu'il aimait une femme, il y avait droit. Il l'aimait, disait-il, donc on ne devait pas s'opposer à ses projets. La question était entre elle et lui, personne, parent ou ami, n'avait à y voir, sous peine d'injustice à son égard. L'intervention des autres était un abus.

Jamais il n'était cynique en gestes ou en paroles. Une réserve excessive était le fond de sa conduite. Ne donnant jamais son avis, n'admettant presque jamais celui des autres. Ayant horreur de tout travail intellectuel, il a eu de tout temps pour maxime : ne rien faire, ne rien dire, ne rien penser. N'admettre aucune règle, ne faire que son caprice, c'était pour lui être libre. La marine lui répugnait parce qu'il fallait obéir. Il ne s'intéressait à rien de ce qu'il voyait, penchait toujours vers la vie oisive. Il se trouvait trop petit pour être officier, disait que pour être militaire, il faut être grand et fort, que sans cela on n'était qu'un objet de risée. Cette pensée le hantait au moins trois ans avant qu'il abandonnât son arme.

Il semblait absorbé par une pensée pénible, toujours présente à son esprit, au moins depuis l'âge de dix-huit ans. Enfant naturel, il considérait cette origine comme une flétrissure, sa préoccupation était de la cacher à tout le monde. Ce fut la raison de sa réserve, de sa méfiance, de sa paresse. Susceptible d'un attachement sincère, il n'avait pas de vénération. Il aimait peu à commander. Vaniteux, mais méfiant, les louanges lui étaient suspectes. Quand il s'ennuyait par trop, il s'en prenait à ce qui l'entourait, promenait ses ennuis de place en place, d'objets en objets, toujours dominé par l'extérieur, ne cherchant jamais à faire prédominer le subjectif. A mesure qu'il devint plus pauvre, le courage l'abandonna. Il fit des raisonnements, toujours plus irrité, toujours la fortune fit baisser la raison.

A terre en 1816, il ne prit aucun soin de son petit avoir, fut frustré en grande partie, mangea sur son fond, sans se préoccuper de rien gagner. Il s'installa bien, fut longtemps sans rien faire, prit avec répugnance quelques leçons de dessin, fit une grande composition. « La nature m'a fait ainsi, on ne peut pas se changer », fut sa réponse favorite. Ou bien : « On naît ce qu'on doit être, les maîtres et l'étude n'y font rien. » Il eut toujours horreur des maîtres. C'est en quelque sorte malgré lui que M. B... (Bléry) lui apprit l'eau-forte. Il se lia avec lui, demeura et travailla chez lui, mais se fatigua de sa compagnie, bien qu'il lui fût attaché, fut habiter seul une maison vieille et retirée.

Il copia des eaux-fortes. Zeeman eut pour lui beaucoup d'attraits. Parce qu'il avait été marin, il l'estimait un grand maître. Il prit en dégoût tout ce qui était moderne ; tout ce qui était vieux lui plaisait. Il aimait les toiles d'araignée. « C'est dans la nature », était sa raison suprême. Il niait toute vérité scientifique, disant qu'on ne savait que des choses fausses, et qu'il savait tout ce qu'il fallait savoir. Il niait qu'il y eut des corps simples. Tout caprice qui lui traversait la tête devenait une loi impérieuse, et quand sa personnalité était en concurrence avec celle d'un autre, on était injuste.

« J'ai demeuré deux ans avec lui, il s'est fatigué de moi comme des autres, et sa méfiance a toujours existé à mon égard, quoique à un degré moindre. Il a reconnu la supériorité de plusieurs personnes, mais sans l'avouer ni l'accepter. Quoique bon, et donnant assez facilement, il n'a pu comprendre la moindre grandeur, n'a jamais montré de l'élévation dans le caractère. Je l'ai vu entêté, jamais enthousiaste.

« Cependant il s'est coiffé du système « Petin », mais c'est par esprit d'opposition à la raison publique plutôt que par amour du progrès, qu'il considérait comme un mal. Il savait qu'il était protestant, mais il ignorait de quelle secte. Il penchait vers le catholicisme, mais il avait horreur de sa discipline, le vrai motif était son ancienneté. Pourquoi ne changez-vous pas de religion? lui disait-on. — Oh! ce

n'est pas la peine !   Mais, au moins, pratiquez.   Non, le catholicisme me plaît, ses commandements aussi, mais il faudrait me donner
trop de peine pour le suivre. Cela ne m'empêche pas de l'aimer. »

Ici finit le rapport du docteur Foleÿ.

XXXIX. — SÉJOUR A CHARENTON. — SORTIE

Le docteur Sémerie écrit, le 21 mai 1858, que Meryon est à Charenton depuis une huitaine de jours, qu'il a été amené sans difficultés
et qu'il n'y aura jamais lieu d'employer avec lui aucune mesure de
rigueur. Ce n'est pas un violent maniaque, et il ne trouvera à l'asile
que douceur et affection. Il aime à raconter ses prétendus malheurs,
l'histoire de ces dernières années telle qu'il se l'est imaginée. Il est fort
triste, abattu, découragé. Il s'est fait d'étranges idées sur la religion et
la politique. Sémerie déplore que nos vastes maisons de santé, avec
leurs six cents malades que l'on a à peine le temps de voir, soient
incapables de remédier à un tel état où l'intervention du prêtre serait
au moins aussi utile que celle du médecin. Et Sémerie termine sa
lettre par sa formule habituelle : « Salut et fraternité. »

Une autre lettre du docteur Sémerie écrite de Charenton, est
datée, selon le calendrier positiviste, du 6 Charlemagne 71. Elle
expose l'état de Meryon, soigné par le médecin-adjoint M. Rousselin.
Parmi ses conceptions délirantes, il donne en exemple que Meryon
affirmait que son retour à Paris serait le signal des plus grands désas-
tres et qu'il arriverait malheur à celui qui oserait se montrer avec lui
dans les rues. Pour toute réponse, le docteur Rousselin l'a forcé à venir
avec lui à l'Exposition (au Salon) et l'a fait promener dans tout Paris.
Il prétendait que ses gravures avaient été détruites : on a écrit à
M. Casimir Le Conte (dont Meryon a gravé le portrait) qui les a
apportées sur le champ. Convaincu d'erreur, Meryon n'a pas renoncé
à ses autres croyances, et dit que ses dessins ont été détruits, et il défie
qu'on les lui fasse voir. Ensuite, ce sera autre chose. Sémerie demande
à Foleÿ d'apporter les dessins qu'il possède.

De Charenton, Meryon écrit à Foleÿ pour lui dire ses sentiments
de la mort de son frère. Puis, il lui demande ce qu'il a fait des notes

et dessins qu'il lui a remis. Les a-t-il détruits ? les a-t-il conservés ?
Il dit de nouveau ses remords, il délire, et se montre assez lucide pour
se lamenter ainsi : « La vie est si peu de chose, ou pour mieux dire,
si fragile, mon Dieu ! cette extrême sensibilité en fait-elle le prix ?
quel mystère ! quel malheur pour moi ! Si, comme on le dit, la vie
n'est qu'un passage, je l'aurai pour ma part, bien tristement, pour ne
pas dire autre chose, accompli...   Votre ancien ami C. M. »

Une autre lettre de Charenton est pour demander de ses nouvelles

C. MERYON SC.   D'APRÈS ZEEMAN

PÊCHEURS DE LA MER DU SUD

à Foleÿ. Celui-ci doit savoir sa situation. Il n'a plus de courage à quoi
que ce soit. Il ne se plaint pas, il songe au contraire à l'extrême
indulgence des hommes. Il est dans la plus fausse position, parce qu'il
a menti à sa propre conscience, entraîné, puis poussé au delà de toutes
limites par les égarements de sa vanité. Un de ses grands torts a été
de ne jamais se rendre compte de sa propre valeur, de ne point songer
à ce qu'il doit aux autres. Il a reçu sans s'imposer de rendre. Enfin, le
mal est fait ! Il ne voit pas de moyens pour le réparer, attendu qu'il est
maintenant moins que rien. « Si vous saviez, dit-il, de quelle mesure
de regrets de tous genres ma pauvre âme est accablée ! je ne le saurais

exprimer. Tous les rêves que je caressais se sont évanouis, je le crains, pour toujours. J'ai ruiné mon avenir, tout n'est plus pour moi que douleurs. Puissè-je du moins ne point être la cause d'autres maux pour mes amis et mes proches ! »

Il fait savoir à son ami que depuis qu'il est à Charenton, il a reçu de bons soins, qu'on lui a rendu la santé du corps. Il continue par ces réflexions : « Le spectacle que j'ai continuellement ici sous les yeux est bien triste, mais j'en suis à envier le sort du dernier de ces hommes qui ont perdu la raison peut être pour tout le reste de leur existence. Mon Dieu ! que la vie tient à peu de chose ! je ne l'ai jamais si bien vu, si bien compris que maintenant. » Il indique les jours et heures des visites, les dimanches et jeudis, de 1 h. à 4 heures. Il désire la visite de son ami, lui offre pour Mme Foleÿ ses humbles salutations et tous ses souhaits de bonheur et de santé pour tous. Il signe : « Votre ancien ami C. Meryon. — Vendredi. »

Son état s'améliora, il retrouva le calme. Burty dit qu'il a conquis l'amitié de toutes les personnes qui le soignaient. Il était poli et doux, se plut à cultiver le carré de jardin qui lui fut confié, recevant la visite de Salicis, de Bléry, de Delâtre, qui le décide au travail, lui porte ses outils de graveur, essaie de l'occuper, de raviver en lui son goût d'artiste. Il avait un petit atelier pour peindre, graver, sculpter. Ce fut alors que le petit paysage des *Ruines du château de Pierrefonds* fut gravé par Meryon d'après un dessin de Viollet-le-Duc. « J'ai fait à l'eau-forte ce petit paysage d'après un léger et spirituel croquis de M. Viollet-le-Duc, étant à la maison impériale de Charenton », écrira Meryon, en 1863 dans ses observations sur l'étude de Burty. Et Burty note que Viollet-le-Duc, sollicité par le sculpteur Geoffroy-Dechaume (ou par le graveur Gaucherel) d'aller voir Meryon à Charenton, lui porta lui-même son dessin. L'état mental de Meryon ne lui permit pas d'en exécuter d'autres. Dans sa cellule, il s'occupait alors de figures de perspective.

Ce travail exécuté, on croit Meryon guéri, et le 25 août 1859, il quitte Charenton, après l'intervention de M. Foucou, officier de marine démissionnaire, et d'une jolie visiteuse, Mme Max Valrey, fille de marin, nièce d'un amiral préfet maritime à Lorient. Tous deux, jeunes, beaux, enthousiasmés par la personnalité de Meryon, officier de marine, graveur de talent, eurent la généreuse idée de le libérer. Celui-ci était calmé, ils réussirent, le prirent chez eux, 2, rue Boursault, sur le même palier, dans deux chambres, où il se reprit au travail.

XL. — MERYON CHEZ FOUCOU ET Mme VALREY

Il n'était pas guéri, ses humeurs étranges se firent jour aussitôt qu'il fut de nouveau en contact avec la vie. La solitude peut parfois apaiser l'excitation cérébrale. Le contact des humains, le bruit de la rue et de la foule, la multiplicité des spectacles, l'inquiétude de la vie à gagner, du gite et de la subsistance ne font qu'augmenter le désordre des idées enfiévrées et déjà éparses. Il en fut ainsi pour Meryon. Désormais, son art se ressent de son état morbide, non pas pour la forme toujours savante, pour la fermeté du trait, mais pour l'intention difficilement formulée, en attendant l'incohérence complète du sujet et de la composition.

C'est, le 29 septembre 1859, peu de temps après sa sortie de Charenton, que Meryon écrit à Foleÿ pour lui faire savoir qu'il est depuis une dizaine de jours à Paris, chez M. Foucou, ex-officier de la marine. Il se dit, momentanément, rendu à la vie, mais il sait que son séjour en ce monde ne saurait être de longue durée. Malgré les mesures rigoureuses qu'on a dû prendre à son égard, et pour lesquelles il sait que son ami a agi, il rend justice à la sincérité de son cœur, il lui garde son affection. Tout n'est plus pour lui que regret et châtiment. C'est ainsi qu'il éprouve un serrement de cœur quand il revoit l'un de ses travaux passés, une gravure, un dessin, ses vues de Paris qui n'étaient point complètes, qu'il avait l'intention de retoucher, de refaire presque entièrement (certaines d'entre elles). Le pourra-t-il jamais? C'est ce dont il doute. Il a vu que son imagination, ses sens pouvaient l'induire en erreur. Il lui semblait aussi que la vue de la foule, des rues populeuses, des hauts édifices, devaient le terrifier. Or, quoique ces choses aient produit sur lui un effet réel, ses craintes, ses pressentiments, étaient exagérés. Il prie donc son ami de lui remettre en mains propres les notes et les dessins que contre son attente, il lui a montrés dernièrement à Charenton. Si Foleÿ peut

124

venir, il fera la connaissance de Foucou, nature franche et loyale, et
sous le même toit habite Mme Max Valrey, auteur du livre que Meryon
a communiqué à Foleÿ, à Charenton. Cette dame, d'origine bretonne,
d'une famille distinguée, est douce et bienveillante. Foleÿ revit Meryon,
amené à Mantes par ses protecteurs. Il semblait heureux (dit Mme Foleÿ
dans ses « Souvenirs »). Il retourne aussi voir Salicis, la famille Philippon. Il voyage avec ses amis.

Mme Valrey, écrit au docteur Foleÿ une lettre datée du 15 octobre
1859, où elle lui fait savoir que M. Foucou et M. Meryon sont depuis
la veille à Rouen. Elle apprécie avec une parfaite justesse l'état de
Meryon. Elle croit sa maladie incurable. S'il peut reprendre ses travaux
et trembler un peu moins devant les terribles fantômes enfantés par
son imagination, ce sera déjà beaucoup. « M. Meryon, — dit-elle, — me
fait l'effet d'une apparition des temps passés. C'est le Moyen-âge avec
toutes ses terreurs, toutes ses diableries, et surtout sa naïve admiration de la force physique. Il me semble impossible que sa pauvre tête
ait jamais été bien saine ; vous qui l'avez connu plus jeune, vous devez
être parfaitement fixé sur ce point. Monsieur Niel, à qui j'en parlais
hier, m'a dit que son ami M. le docteur Calmeil, médecin de Charenton,
lui avait déclaré que M. Meryon était fou de naissance. Il me semble
cependant un peu cruel de le mettre dans un établissement dont le
nom seul est une insulte pour ceux qui y sont renfermés. »

Malgré tous ces avantages, les douleurs, les chagrins de Meryon
lui reviennent plus durs, plus poignants, triste résultat du dévergon-
dage de ses actes passés. Il se souvient néanmoins de la charmante
société qui l'accueillait chez Foleÿ. Il se rappelle le joli médaillon que
fit M. E... (Etex) de Mme Foleÿ. Il a retrouvé ses traits dans un groupe
sculpté dont il a vu la reproduction dans l'*Illustration*.

Il signe : « C. Meryon, chez M. Foucou, rue Boursault, n° 2. »

Cette existence avec Foucou et Mme Max Valrey ne dura qu'une
année. Les ressources de Foucou s'épuisèrent. Il voulut épouser son
amie, qui refusa. Elle venait d'avoir un roman publié par la *Revue
des Deux-Mondes : Berthe de Montbrun*, elle se croyait une nouvelle
George Sand, estimait que le mariage serait la mort de sa production
et de son talent. Elle voulait la grande vie, et non le ménage. Il y eut
séparation après des scènes pénibles, des injures et même des coups

LA POMPE NOTRE-DAME

Meryon se retrouva seul, abandonné, réduit à ses propres ressources, qui n'allaient pas tarder à se trouver insuffisantes. Il quitta la rue Boursault pour s'installer dans un rez-de-chaussée de la rue Duperré, n° 20, où Burty l'a connu.

Les troubles d'esprit ne tardent pas à reparaître plus vifs.

Il écrit à quelqu'un qu'il a traité de « misérable », pour lui dire qu'il ne lui fait pas peur. Sans avoir un penchant bien prononcé pour vous, — dit-il, — je vous ai toujours considéré comme un homme digne, honnête, bon père, doux d'habitude, quoique capable parfois de colère. Il parle de M., Mme Neveu et de leur fille Louise. Il croit qu'il va obtenir celle-ci, et il prévient son correspondant le priant de l'aider si les circonstances le lui permettent, et de ne pas le traiter en ennemi, « n'ayant jamais été le vôtre ».

XLI. — BAUDELAIRE ET MERYON — PUIS VICTOR HUGO

1859, c'est l'année où le génie de Meryon est inscrit en une page de Charles Baudelaire.

Au sixième chapitre de son Salon de 1859, paru dans la *Revue Française* des 10 juin, 20 juin, 1er juillet et 20 juillet, Baudelaire examinant le Paysage, écrit ceci sur les eaux-fortes de Meryon :

« Ce n'est pas seulement, — dit-il, — les peintures de marine qui font défaut..., mais aussi un genre que j'appellerais volontiers le paysage des grandes villes, c'est-à-dire la collection des grandeurs et des beautés qui résultent d'une puissante agglomération d'hommes et de monuments, le charme profond et compliqué d'une capitale âgée et vieillie dans les gloires et les tribulations de la vie.

« Il y a quelques années, un homme puissant et singulier, un officier de marine, dit-on, avait commencé une série d'études à l'eau-forte, d'après les points de vue les plus pittoresques de Paris. Par l'âpreté, la finesse et la certitude de son dessin, M. Meryon rappelait les vieux et excellents aquafortistes. J'ai rarement vu représentée avec plus de poésie la solennité naturelle d'une ville immense. Les majestés de la pierre accumulée, les clochers *montrant du doigt le ciel*, les obélisques de l'industrie vomissant contre le firmament leurs coalitions de fumée, les prodigieux échafaudages des monuments en réparation, appliquant sur le corps solide de l'architecture leur architecture à jour d'une beauté si paradoxale, le ciel tumultueux, chargé de colère et de rancune, la profondeur des perspectives augmentée par la pensée de tous les drames qui y sont contenus, aucun des éléments complexes dont se compose le douloureux et glorieux décor de la civilisation n'était oublié. Si Victor Hugo a vu ces excellentes estampes, il a dû être content; il a retrouvé, dignement représentée, sa

> Morne Isis, couverte d'un voile !
> Araignée à l'immense toile
> Où se prennent les nations !
> Fontaine d'urnes obsédée !
> Mamelle sans cesse inondée,
> Où, pour se nourrir de l'idée,
> Viennent les générations !
> . . . .
> Ville qu'un orage enveloppe !

« Mais un démon cruel a touché le cerveau de M. Meryon; un délire mystérieux a brouillé ces facultés qui semblaient aussi solides que brillantes. Sa gloire naissante et ses travaux ont été soudainement interrompus. Et depuis lors nous attendons toujours avec anxiété des nouvelles consolantes de ce singulier officier, qui était devenu en un jour un puissant artiste, et qui avait dit adieu aux solennelles aventures de l'Océan pour peindre la noire majesté de la plus inquiétante des capitales. »

Les rapports entre Meryon et Baudelaire continuèrent en 1860.

Baudelaire écrit à Poulet-Malassis, le dimanche soir 8 janvier 1860 :

« Ce que je vous écris ce soir vaut la peine d'être écrit.

« M. Meryon m'a envoyé sa carte et nous nous sommes vus. Il m'a dit : « Vous habitez un hôtel dont le nom a dû vous attirer, à cause du rapport qu'il a, je présume, avec vos goûts. » — Alors, j'ai regardé l'enveloppe de sa lettre. Il y avait : hôtel de *Thèbes*[1], et cependant sa lettre m'était arrivée.

« Dans une de ses grandes planches, il a substitué à un petit ballon une nuée d'oiseaux de proie, et comme je lui faisais remarquer qu'il était invraisemblable de mettre tant d'aigles dans un ciel

---

[1] Baudelaire habitait alors hôtel de Dieppe, rue d'Amsterdam.

CH. BAUDELAIRE

parisien, il m'a répondu que cela n'était pas dénué de fondement, puisque *ces gens-là* (le gouvernement de l'empereur) avaient souvent lâché des aigles pour étudier les présages suivant le rite, et que cela avait été imprimé dans les journaux, même dans le *Moniteur*.

« Je dois dire qu'il ne se cache en aucune façon de son respect pour toutes les superstitions, mais il les explique mal, et il voit de la cabale partout.

« Il m'a fait remarquer, dans une autre de ses planches, que l'ombre portée par une des maçonneries du *Pont-Neuf* sur la muraille latérale du quai représentait exactement le profil d'un sphinx, que cela avait été, de sa part, tout à fait involontaire, et qu'il n'avait remarqué cette singularité que plus tard, en se rappelant que ce dessin avait été fait peu de temps avant le Coup d'État. Or le prince est l'être actuel qui, par ses actes et son visage, ressemble le plus à un *sphinx*.

« Il m'a demandé si j'avais lu les nouvelles d'un certain Edgar Poë. Je lui ai répondu que je les connaissais mieux que personne, et pour cause. Il m'a demandé alors, d'un ton très accentué, si je croyais à la réalité de cet Edgar Poë. Moi, je lui ai demandé naturellement à qui il attribuait toutes ses nouvelles. Il m'a répondu : *A une Société de littérateurs très habiles, très puissants et au courant de tout*. Et voici une de ses raisons : La Rue MORGUE[1]. J'ai fait un dessin de la *Morgue*. Un *Orang-outang*. On m'a souvent comparé à un singe. Ce singe assassine *deux femmes, la mère et sa fille*. Et moi aussi, j'ai assassiné

_____

(1) *Histoires extraordinaires* d'Edgar Poë, traduction de Ch. Baudelaire.

moralement *deux femmes, la mère et sa fille*. J'ai toujours pris le roman pour une allusion à mes malheurs. Vous me feriez bien plaisir si vous pouviez retrouver la date où Edgar Poë (en supposant qu'il n'ait été aidé par personne) a composé ce conte, pour voir si cette date coïncide avec mes aventures.

« Il m'a parlé avec admiration du livre de Michelet sur Jeanne d'Arc ; mais il est convaincu que ce livre n'est pas de Michelet.

« Une de ses grandes préoccupations, c'est la science cabalistique ; mais il l'interprète d'une façon étrange, à faire rire un cabaliste.

« Ne riez pas de tout ceci avec de méchants bougres. Pour rien au monde, je ne voudrais nuire à un homme de talent...

« Après qu'il m'a quitté, je me suis demandé comment il se faisait que moi, qui ai toujours eu, dans l'esprit et dans les nerfs, tout ce qu'il fallait pour devenir fou, je ne le fusse pas devenu. Sérieusement, j'ai adressé au ciel les remerciements du pharisien. »

Dans une autre lettre, du 16 février 1860, au même Poulet-Malassis, Baudelaire, après avoir énuméré ses ennuis qu'il résume : « *Un tas d'affaires désagréables !...* », revient à Meryon en ces termes :

« Et puis Meryon ! Oh ! ça, c'est intolérable. Delâtre me prie de faire un texte pour l'album. Bon ! voilà une occasion d'écrire des rêveries de dix lignes, de vingt ou trente lignes sur de belles gravures, les rêveries philosophiques d'un flâneur parisien. Mais M. Meryon intervient, qui n'entend pas les choses ainsi. Il faut dire : à droite, on voit ceci ; à gauche, on voit cela. Il faut chercher des notes dans des vieux bouquins. Il faut dire : ici, il y avait primitivement douze fenêtres, réduites à six par les artistes ; et enfin, il faut aller à l'Hôtel de Ville s'enquérir de l'époque exacte des démolitions. M. Meryon parle les yeux aux plafond, et sans écouter aucune observation. »

Meryon écrit à Baudelaire, le 23 février 1860 :

« Cher monsieur, je vous envoie un cahier de mes vues de Paris. Comme vous le pouvez voir, elles sont très bien imprimées sur chine, collées sur papier vergé, par conséquent de bonne tenue. C'est de ma part une faible marque de reconnaître le dévouement dont vous avez fait preuve pour moi [1].

---

[1] C. B. avait réussi à faire acheter, par le ministère, des exemplaires des vues de Paris.

« Cependant, j'ose espérer qu'elles serviront parfois à fixer votre imagination curieuse des choses du passé. Moi-même qui les ai faites à une époque, il est vrai, où mon cœur naïf était encore près de soudaines aspirations vers un bonheur auquel je croyais pouvoir prétendre, je revois quelques-unes de ces pièces avec un véritable plaisir. Elles peuvent donc produire le même effet sur vous qui aimez aussi à rêver.

« Je n'ai point encore terminé les notes que je vous ai promis de faire pour aider votre travail ; en tout cas, j'irai vous voir bientôt pour en causer encore. Comme l'éditeur recule devant les démarches qu'il y aurait à faire, dit-il, pour le placement des dites pièces, il n'y a rien qui presse. Ainsi que cela ne vous inquiète pas.

« Adieu, Monsieur, j'espère qu'avant votre départ, je pourrai profiter du bienveillant accueil que je reçois de vous.

« Je suis votre très humble et très dévoué serviteur,

« C. MERYON.

« Je vais m'occuper du placement des suites auprès des personnes qui ont, sur votre recommandation, l'extrême bonté de s'intéresser à cette œuvre.

« Meryon, 20, rue Duperré. »

Du 9 mars 1860, de Baudelaire à Poulet-Malassis :

« Je tourne ma lettre pour vous demander, très sérieusement, s'il ne vous conviendrait pas d'être l'éditeur de l'album Meryon (qui sera augmenté) et dont je dois faire le texte. Vous savez que, malheureusement, ce texte ne sera pas selon mon cœur.

« Je vous préviens que j'ai fait une ouverture à la maison Gide...

« Ce Meryon ne sait pas se conduire ; il ne sait rien de la vie. Il ne sait pas vendre ; il ne sait pas trouver un éditeur. Son œuvre est très facilement vendable. »

Autre lettre (d'avril 1860) de Baudelaire à Poulet-Malassis :

« Je suis très embarrassé, mon cher, pour vous répondre relativement à l'affaire Meryon. Je n'ai aucun droit là-dedans, aucun ; M. Meryon a repoussé avec une espèce d'horreur l'idée d'un texte fait de douze petits poèmes ou sonnets ; il a refusé l'idée de méditations poétiques en prose. Pour ne pas l'affliger, je lui ai promis de lui faire, moyennant trois exemplaires en bonnes épreuves, un texte en style de guide ou de manuel, non signé. C'est donc avec lui seul que vous aurez à traiter. Il demeure 20, rue Duperré.

« ...La chose s'est présentée dans mon esprit bien simplement. D'un côté, un fou infortuné qui ne sait pas conduire ses affaires, et qui a fait un bel ouvrage ; de l'autre, vous, chez qui je désire voir le plus de bons livres possible. Comme disent les journalistes, j'ai considéré pour vous le plaisir double d'une bonne affaire et d'une bonne action. »

Sur la page consacrée à Meryon par Baudelaire, doit prendre place ici la lettre écrite par Victor Hugo au poète des *Fleurs du mal*, pour le remercier de l'étude (qui fait partie de l'*Art romantique*) sur les dessins du poète de la *Légende des siècles* :

« Hauteville-House, 29 avril 1860.

« Vous m'avez envoyé, cher poète, une bien belle page ; je suis tout heureux et très fier de ce que vous voulez bien penser des choses que j'appelle mes dessins à la plume.

« J'ai fini par y mêler du crayon, du fusain, de la sépia, du charbon, de la suie et toutes sortes de mixtures bizarres qui arrivent à rendre à peu près ce que j'ai dans l'œil et surtout dans l'esprit. Cela m'amuse entre deux strophes.

« Puisque vous connaissez M. Meryon, dites-lui que ses splendides eaux-fortes m'ont ébloui sans la couleur, rien qu'avec l'ombre et la lumière, le clair-obscur tout seul et livré à lui-même : voilà le problème de l'eau-forte. M. Meryon le ressent magistralement, ce qu'il fait est superbe : ses planches vivent, rayonnent et pensent. Il est digne de la page profonde et lumineuse qu'il vous a inspirée.

« Vous avez en vous, mon cher penseur, toutes les cordes de l'art ; vous démontrez une fois de plus cette loi, que dans dans un artiste le critique est toujours égal au poète. Vous expliquez comme vous peignez, *grandiler*.

« Je vous serre la main.

« Victor Hugo. »

RUE PIROUETTE AUX HALLES

XLII. — TRAVAUX DIVERS. — LA RUE PIROUETTE AUX HALLES

La reprise d'activité chez Meryon se traduit d'abord par la revision de ses Eaux-fortes sur Paris. Il reprend ses cuivres, retouche les fonds au burin pour raviver l'usure provoquée par les tirages antérieurs; diminue dans le Pont-Neuf les maisons de la rue Dauphine; corrige les figures de la Morgue; ajoute des ballons au Pont-au-Change; des rayons lumineux à la Tour de l'Horloge; des corbeaux dans la Galerie Notre-Dame, — puis après avoir tiré trente épreuves de chacun des cuivres ainsi modifiés, — il les biffa.

Il passe ensuite à des travaux divers de gravure.

Une eau-forte est demandée à Meryon par A. Sensier : le *Chevet de Saint-Martin-sur-Renelle, église paroissiale supprimée*, gravée d'après un dessin au trait de l'architecte-antiquaire normand Polyclès Langlois, fait en 1837. La gravure porte cette mention : « Mémoires de la Société des Antiquaires de Normandie. »

Ce champignon contourné, désigné par Meryon comme le *Malingre Cryptogame*, fut gravé par lui en 1860, parce qu'il lui parut « personnifier, cette inclémence, cette bizarrerie du sort qui préside aux créations incomplètes, maladives » et qu'il devait avoir, pour cette raison, place dans ses souvenirs de voyage. C'est une étude d'après un champignon dont la physionomie bizarre avait frappé le jeune enseigne de vaisseau dans une forêt de la presqu'île de Banks (Nouvelle-Zélande). En 1845, la corvette le *Rhin*, croisait dans ces parages pour protéger les baleiniers français.

La *Rue Pirouette aux Halles* a été gravée d'après un dessin, croquis d'après nature, de Lawrence, et elle peut être considérée comme une œuvre de Meryon par la manière dont il a interprété le croquis original, et peuplé la rue d'une foule pittoresque. Entre les hautes maisons à pignons en façade, qui font songer à une vieille ville de province, au devant d'une boucherie aux viandes suspendues, et d'autres boutiques à enseignes, des gens vont et viennent, des forts de la Halle portent des sacs; des blanchisseurs et leur charrette; une bonne et son marmot accroupi sur le trottoir; un sergent de ville; des femmes causent, d'autres passent, deux entre autres, en fines tailles, en crinolines, sœurs des filles de Constantin Guys; au-dessus du local des *Contributions*, sur le mur en pignon d'une maison, des inscriptions annoncent les formes variées de la vie de Paris : *Aux Noces de Cana ; — Martingal, restaurateur, festins, mariages, repas ; — Au diable maure, Portier, marchand de vins...* Sur le troisième état, autres inscriptions : *Aux Noces de Gamache : Sacoche, traiteur; — Cousin marchand de vins.*

La *Passerelle du Pont-au-Change après l'incendie de 1621*, a été aussi gravée par Meryon en 1860, d'après un dessin du temps, de la collection de M. Bonnardot. On aperçoit en partie la Tour de l'Horloge et les Tours de l'entrée du Palais de justice. Le 6ᵉ état a paru dans la Gazette des Beaux-Arts du 1ᵉʳ novembre 1860.

XLIII. — MERYON VU PAR A. DE MONTAIGLON

L'eau-forte de la *Présentation du Valère Maxime au roi Louis XI, imprimé en 1475*, a été gravée en 1860, d'après une miniature. Le roi est sur le trône, fauteuil à baldaquin fleurdelysé, entouré de courtisans. L'imprimeur offre respectueusement le livre ; un page, un huissier, un jeune paysan assistent à la scène.

Il y a un témoignage intéressant de l'état d'esprit de Meryon à propos de cette gravure. Anatole de Montaiglon, dans les *Nouvelles Archives de l'Art français* (1877), raconte qu'il était un jour au Cabinet des Estampes, et qu'il y vit, sur le bureau de M. Arnauldet l'épreuve d'une gravure que Meryon venait de terminer pour l'offrir à M. Niel, gravure d'après une miniature du xvᵉ siècle que M. Niel possédait. Le sujet représentait un auteur, à genoux, présentant son livre à un seigneur assis sous un dais, entouré de ses officiers et de ses domestiques, une porte ouverte sur la campagne, des personnages lointains. Montaiglon fut étonné par la merveilleuse exactitude des costumes représentés et du sentiment exprimé. Survint Meryon, et Montaiglon répéta ses éloges en insistant sur son étonnement d'une telle compréhension d'une époque. Meryon le laissa parler, le regardant très fixement comme pour voir s'il y avait là quelque exagération polie, et lorsqu'il fut convaincu de la sincérité du louangeur, il prit la parole et avec une ardeur de plus en plus rapide et fébrile, il expliqua pourquoi il avait réussi. C'est qu'il savait, — dit-il — tout ce que disait, tout ce que pensait, ce qu'était chacun des personnages, ce qui avait précédé et ce qui

avait suivi la scène, quelles amitiés et quelles haines étaient en présence, le détail enfin de toutes ces vies mises en scène. « Aussi, conclut
Montaiglon, dans cette œuvre où il n'avait rien modifié, rien ajouté, sa
folie invisible dans le travail était ce qui l'avait inspiré et qui avait
conduit sa main. Rien de plus fou que le roman qu'il nous raconta,

PRÉSENTATION DU VALÈRE MAXIME AU ROI LOUIS XI

mais rien de plus déduit, de plus net, de plus vivant, et cela avec une
éloquence heurtée, mais pleine d'éclairs, et toujours remarquablement
intelligente. Nous ne disions rien, bien entendu : approuver, c'était
l'encourager dans cette voie; le contredire, c'était l'y exaspérer. Nous
écoutions, troublés à la fois et intéressés quand, après une heure et à
bout de forces, il se sauva plutôt qu'il ne nous quitta, sans nous laisser
le temps de lui rien dire. »

XLIV.   LA TOURELLE DE LA RUE DE L'ÉCOLE DE MÉDECINE

Cette *Partie de la Cité vers la fin du dix-septième siècle*, rive gauche de la Seine, entre le Pont Notre-Dame et le Pont-au-Change, d'après un dessin du temps, a été gravée en 1861 du meilleur burin de Meryon, avec l'enchevêtrement de ses maisons à pignon sur le Pont-au-Change, dont on voit le creusement de deux arches, et tout le pittoresque des maisons sur la berge de la Cité, leurs toits avancés, leurs tourelles, leurs croisées à petits carreaux, leurs balcons de bois, leurs cheminées, tout un ensemble irrégulier, solidement entassé, dont Meryon gardera l'idée, qu'il simplifiera, lorsqu'il déploiera le panorama du Collège Henri-IV et de ses alentours. C'est probablement, selon Burty, la façade des maisons habitées par des tanneurs, rue de la Pelleterie, et Burty ajoute ces remarques : « Chose assez singulière, par des causes sur lesquelles peut s'exercer la sagacité des curieux, des parties importantes du sujet, à savoir : les tours Notre-Dame, le coin de la Pompe Notre-Dame, les cheminées des pignons du pont, manquent dans l'original, du moins le seul emplacement est indiqué, tandis que des détails, que la gravure a du reste soigneusement reproduits, y sont faits avec minutie. Enfin, pour rendre la vie à ces lieux, le graveur a cru devoir ajouter différents groupes de figures... Un épisode comique égaie la foule qui emplit les barques, on se livre sur la berge à diverses occupations : un canard s'envole en emportant dans son bec un poisson et la ligne elle-même d'un pêcheur. »

On lit sur la grande pancarte dressée à droite au-dessus des pignons : *Au Cana* (aux Noces de Cana). C. Meryon, restaura. Paris, an de grâce MDCCCLXI. Au quatrième état, l'adresse entière est remplacée par celle-ci : « *Au répu* (républicain ?) Le Sobre, resta (restaurateur ?) Poissons fr. (poissons frais ou frits ?) »

De même, en 1861, le Grand-Châtelet vers 1780, d'après un dessin du temps attribué à Nicolle. Au fond, la porte ogivale du Grand-Châtelet ; des échoppes à auvents sont occupées par des bouchers, des marchands d'habits.

La Tourelle, rue de l'École-de-Médecine, qui a été gravée en 1861 et exposée au Salon de 1863, peut être ajoutée à la série des Eaux-fortes de Paris. La rue étroite passe entre la tourelle hexagonale et

TOURELLE RUE DE L'ÉCOLE-DE-MÉDECINE

des maisons à pignons. Un écriteau : Rue Labbey. Un nom : Cabat.
Une boutique : Épicerie, aux vitres encombrées d'objets de tous genres.
Une autre boutique : Boulangerie. Aux fenêtres, des balcons de fer,
des rideaux, la vie enclose et mystérieuse à l'intérieur, pendant qu'à
l'extérieur, la vie tumultueuse apparaît avec son mouvement et fait
entendre sa clameur. Une voiture au cheval blanc qui glisse sur le

LE GRAND CHATELET VERS 1780

pavé, sous la bâche deux femmes habituées à l'encombrement et au
bruit, qui devisent visiblement de leurs affaires ; un homme chargé
de fardeaux ; un monsieur, une dame, et une petite fille ; un couple
bras-dessus bras-dessous ; un fort chargé d'un sac de farine ; des
passants, une femme et un homme qui causent à l'angle de la tourelle, l'une qui tient par la main une petite fille, le jeune homme la
tête chargée d'une manne, drapé d'un long tablier, les bras nus, figure
d'une allure qui apparaît subitement raphaëlesque. Sur le haut d'une
cheminée, deux ouvriers qui semblent se battre et qui travaillent. La
taille de l'eau-forte est rigide et sombre pour exprimer les pierres, les

136

pans coupés, les moulures, et tout à coup devient légère et lumineuse
pour représenter le ciel, un ciel haut placé où quelques frêles nuées
s'écartent, où des oiseaux s'envolent.

Il y a encore autre chose dans le ciel du sixième état. Meryon
attirait ainsi l'attention sur ce ciel de la *Tourelle de l'École de Médecine :* « Cette pièce, quoique de petite dimension, est à mon sens (et j'ai
de fortes raisons pour penser ainsi) mon œuvre capitale : je parle de
l'état de cette gravure où est la composition du ciel... »

Cette composition du ciel figure sur le sixième état qui a pour
titre : « *Tourelle dite de Marat. Sainte inviolable vérité, divin flambeau
de l'âme, quand le chaos est sur la terre, tu descends des cieux pour
éclairer les hommes et régler les décrets de la stricte Justice.* » La
composition montre, dans une partie cintrée de la ligne du cadre,
au-dessous du monogramme de Meryon, un enfant qui tombe, les ailes
coupées ; dans un état précédent, sous les pieds de l'enfant, les mots :
Innocence opprimée. Dans le ciel, entre les toits, deux figures : la Vérité,
qui tient un livre ouvert où se lisent ces mots : *Fiat lux,* et la Justice,
sur un oiseau griffon, qui se voile la face, et laisse tomber son glaive
et ses balances. Sur le troisième état, les mots sont effacés, les figures
ont disparu, on ne voit plus que deux oiseaux planant. Les deux
couvreurs, sur un toit à droite, contemplent ces apparitions. Deux
monogrammes de Meryon : l'un, à la base de la tourelle ; l'autre, dans
le ciel, à droite.

Un dessin à la mine de plomb de la collection Curtis construit
d'une manière impeccable la tourelle et les maisons de la rue.

Cette eau-forte de 1861 exprime, comme les gravures de 1850-54,
l'âme de Meryon, la poésie des maisons, le mystère des fenêtres, les
allures des gens, des foules, la profondeur des ciels où les nuages
errent avec les fumées, et que traversent les vols d'oiseaux.

XLV. — LE PILOTE DE TONGA

En 1861, ses souvenirs de voyage lui reviennent, et sur la partie
intérieure d'un pagne indien, dans les angles duquel sont inscrites les
initiales T. C. M., il grave en caractères rouges et noirs, ce poème
en prose d'une belle allure :

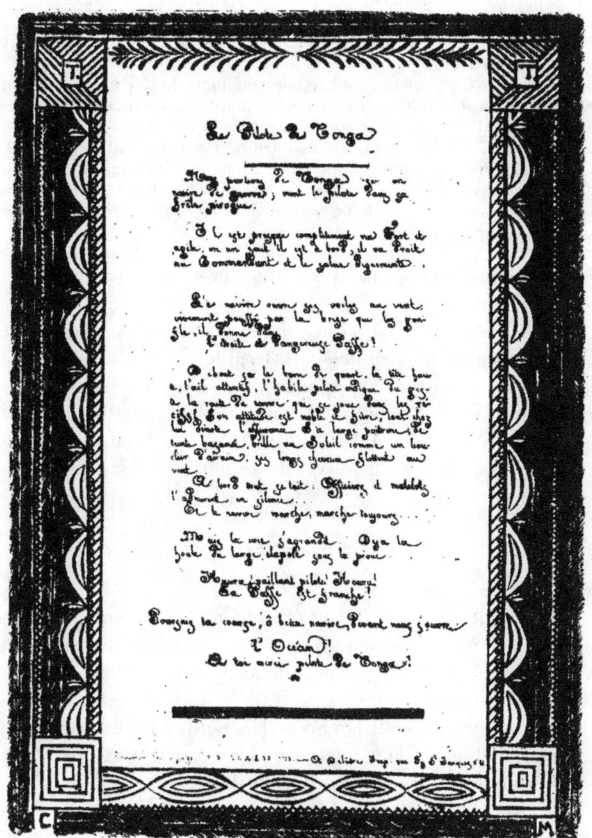

LE PILOTE DE TONGA

LE PILOTE DE TONGA

Nous partions de Tonga sur un navire de guerre; vient le pilote dans sa frêle pirogue.   Il est presque complètement nu.   Fort et agile, en un saut il est à bord; il va droit au commandant et le salue dignement. — Le navire ouvre ses voiles au vent, vivement poussé par la brise qui les gonfle, il donne dans l'étroite et dangereuse passe!   Debout sur le banc de quart, la tête haute, l'œil attentif! Son attitude est noble et fière; tout chez lui dénote l'assurance. Sa large poitrine, de teint basané, brille au soleil comme un bouclier d'airain. Ses longs cheveux flottent au vent...   A bord tout se tait : officiers et matelots l'admirent en silence...

Et le navire marche, marche toujours... Mais la voie s'agrandit... — Déjà la houle du large clapote sous la proue... Hourra! vaillant pilote, hourra! La passe est franchie. — Poursuis ta course, ô beau navire; devant nous s'ouvre l'Océan. — A toi, merci, Pilote de Tonga!

Cette chanson en prose ouvre une série de souvenirs du voyage fait par Meryon sur la corvette *Le Rhin*. Il avait recueilli des croquis, des vues d'ensemble, et aussi des notes sur les mœurs, les usages, les costumes, les arts des peuples de l'Océanie.

Ce ne sont que projets ajournés par Meryon, car il faut vivre, même simplement et sobrement, comme il le fait. Il ne gravera ses dessins de voyage qu'en 1863. Il accepte, en attendant, de graver des portraits pour placer en frontispices de livres.

XLVI.   PORTRAITS ET FRONTISPICES

Le portrait du poète *Évariste Boulay-Paty*, frontispice pour un recueil de ses poésies, a été gravé d'après le médaillon de bronze de David d'Angers. Burty regrettait que Meryon employât du temps à se livrer à des reproductions, même d'après les maîtres. A quoi Meryon lui répondit que ce n'était jamais temps perdu, ni besogne dépourvue d'intérêt, que d'interpréter quelqu'œuvre de maître, et qu'il avait été à même d'apprécier les qualités de celui-là.

Le portrait de *François Viète*, illustre mathématicien, d'après le frontispice d'un ouvrage de mathématiques de Viète, a paru dans *Poitou et Vendée*, études historiques et artistiques, par B. Fillon et O. de Rochebrune.

A propos de ce portrait, Meryon, répondant à Burty, explique

CASIMIR LE CONTE

qu'il se sert maintenant beaucoup plus du burin, mais
toujours avec timidité, le
maniement de cet instrument
étant fort difficile, demandant
une pratique qu'il n'a pas, et
une éducation première presqu'indispensable, qui ne s'acquiert que dans le jeune âge,
dans l'atelier et sous la direction d'un maître.

D'autres portraits en-
core :

*René de Burdigale, sei-
gneur de Landonnière-Sablais*,
gravé d'après une gravure de
Crispin de Paz, avec des
attributs nouveaux composés
par Meryon, pour *Poitou et*

Vendée, de B. Fillon et O. de Rochebrune. Sur le dernier état, la
devise : *Si Dieu me garde, j'irai à fin.*

Pierre Nivelle, d'après la gravure de Michel Lasne, avec un entou-
rage d'attributs composés par Meryon. Pierre Nivelle, évêque de
Luçon, né à Troyes en 1584, mort à Luçon en 1660; l'eau-forte de
Meryon fut publiée dans *Poitou et Vendée.*

Jean Besly, pour *Poitou et Vendée*, d'après J. Isac, *anno* 1642.

L.-J.-Marie Bizeul, pour *Poitou et Vendée*, d'après une photographie.

Th. Agrippa d'Aubigné, d'après une lithographie libre de Jules
Hébert.

Benjamin Fillon, l'un des auteurs du livre *Poitou et Vendée*, portrait fait d'après une photographie, très vivant avec sa forte chevelure,
sa grosse moustache, sa mouche ou impériale, sa lèvre épaisse, son
expression rude.

Ce portrait et ceux qui précèdent, exécutés pour Benjamin Fillon,
ont été imprimés chez A. Beillet, quai de la Tournelle, 35, à Paris.

C. MERYON SC.

PORTRAIT D'ARMAND GUÉRAUD

BENJAMIN FILLON

Armand Guéraud, avec un entourage de volumes reliés, amoncelés en désordre, les uns au-dessus des autres, bel arrangement qui est une preuve de plus du sens décoratif de Meryon.

Ce projet d'encadrement, l'entassement de volumes qui figurent autour du portrait d'Armand Guéraud a été très cherché par Meryon. L'épreuve a été sans cesse modifiée, jusqu'à neuf états. L'un d'eux montre un lynx soutenant un livre ouvert. Sur ce livre, sous le lynx, on lit : Code-Lois. Sur les volumes se lisent, au deuxième état : *Vie de Béranger ;* au troisième état : *Éloge du vice.*

C'est au début de 1862, à propos de ce portrait d'Armand Guéraud, que Meryon écrit à Bléry cette lettre dont l'original est conservé au Cabinet des Estampes :

« Monsieur E. Bléry, je vous adresse ci-inclus, suivant le désir que vous m'avez témoigné, une épreuve de l'entourage destiné au portrait que je termine en ce moment, pour cet ouvrage sur le Poitou et la Vendée auquel j'apporte ma collaboration. Le portrait en question est celui de M. Guéraud, imprimeur-libraire de Fontenay (Vendée) où il est mort, jeune encore, tout récemment. Cette profession complexe m'offrant une occasion d'émettre ces convictions, à mon point de vue si importantes, que je vous ai développées lors de ma dernière visite, j'en ai profité. Cet état présent avec le Chat-Cavacal, les titres précis du livre et des feuilles volantes qui brûlent dans le haut, constitue toutefois un *état* particulier, intime, dont je n'ai

PROJET D'ENCADREMENT POUR LE PORTRAIT D'ARMAND GUÉRAUD

imprimé, sous ma propre responsabilité, que trente épreuves environ. Mais, après avoir effacé le chat (ce qui est fait déjà) et l'avoir remplacé par ce seul objet sérieux, le Livre de la Loi ouvert ; après avoir substitué aux titres tout particuliers du haut d'autres inscriptions froissant moins brusquement des opinions jusqu'ici maintenues avec une persévérance et un parti-pris à mon sens si déplorables, si *funestes*, ce cadre, dis-je n'aura plus qu'un caractère général, qui conviendra d'abord à la personne dont je parlais et aussi au besoin à d'autres, puisque je l'ai rendu indépendant pour l'impression.

« Je vous ai expliqué d'ailleurs quel esprit je pense qu'il convient d'attribuer et de maintenir à l'Art typographique et à toutes les professions qui s'y rattachent. A tout ce que je vous ai dit dernièrement à ce sujet, je vois une haute, très haute importance.

« J'aime à penser que bientôt vous vous mettrez à l'œuvre pour votre « Grande Forêt » en lui donnant le développement que pour ma part, je regarde comme nécessaire qu'elle ait.

FRANÇOIS VIÈTE

LA RUE DES CHANTRES

« Excusez ces quelques mots écrits à la hâte.

« Adieu, Monsieur, je vous souhaite noble courage.

« Votre ami sincère et dévoué,

« C. MERYON.

« Monsieur Eugène Bléry, place Saint-André-des-Arts, 9, Paris. »

XLVII. — LA RUE DES CHANTRES. — RAPPEL DE BAUDELAIRE

De 1862 encore, une eau-forte du vieux Paris, qui sera éternellement cher à Meryon.

L'étroite *Rue des Chantres*, ruelle plutôt, éclairée par deux réverbères, de hautes maisons à fenêtres étroites, avec cette inscription fantastique sur le mur de droite : Bains de Mer, et d'autres inscriptions, illisibles, en face. Un groupe animé au milieu de la chaussée, où il y a des militaires. Une porteuse de pain passe avec sa petite fille. Aux fenêtres de la maison vue au fond, des femmes en chemises décolletées, même à l'ouverture d'un sous-sol en contrebas. Au-dessus, pointée droit, la flèche ciselée de Notre-

RUE DES CHANTRES

Dame. Meryon a été visiblement hanté de l'idée de faire grouiller les spectacles humains sur les pavés des ruelles, entre les hautes constructions noires d'ombre, dominées par l'élancement de la flèche.

C'est en cette même année que Baudelaire, revenant sur Meryon, trois ans après son article de 1859, publiait dans le journal le *Boulevard* du 11 septembre 1862, une étude sur les *Peintres et Aquafortistes*[1] où il donnait sa place au graveur de Paris, et mentionnait la *Vue de San-Francisco*. Il reproduisait surtout, avec quelques simples variantes de mots, son éloge du Salon de 1859, qu'il faisait précéder et suivre de quelques lignes inédites. En tête, ceci :

« M. Meryon, le vrai type de l'aquafortiste achevé, ne pouvait manquer à l'appel. Il donnera prochainement des œuvres nouvelles. M. Cadart possède encore quelques-unes des anciennes. Elles se font rares ; car, dans une crise de mauvaise humeur, bien légitime d'ailleurs, M. Meryon a récemment détruit les planches de son album *Paris*. Et tout de suite, à peu de distance, deux fois de suite, la collection Meryon se vendait en vente publique quatre et cinq fois plus cher que sa valeur primitive... »

Puis, l'argument du Salon de 1859, et cette conclusion :

« Nous avons vu aussi chez le même éditeur la fameuse perspective de San Francisco, que M. Meryon peut, à bon droit, appeler son dessin de maîtrise. M. Niel, propriétaire de la planche, ferait vraiment acte de charité en en faisant tirer de temps en temps quelques épreuves. Le placement en est sûr. »

XLVIII. — SOUVENIRS ET RÉBUS

En 1863, Meryon revient à son projet de graver ses souvenirs de voyage d'après ses dessins.

La *Grande case indigène sur le chemin de Ballade à Popeo (Nouvelle-Calédonie)* qu'il exposera en 1863, a la même force de trait, d'oppositions, de nuances, que les eaux-fortes sur Paris. Elle montre

[1] A propos des publications de Cadart et du renouveau de l'eau-forte par Seymour-Haden, Manet, Legros, Bracquemond, Jongkind, Meryon, Millet, Daubigny, Saint-Marcel, Jacquemart, Whistler, Bonvin, — artistes cités par Baudelaire.

GRENIERS INDIGÈNES A AKAROA

un chemin bordé de cases entourées de palmiers, à l'abri de mamelons nus. Des indigènes, hommes, femmes, enfants, passent ou stationnent. Une femme porte sur sa tête une corbeille de fruits. Un jeune garçon porte un gros poisson.

Puis, *Océanie, pêche aux palmes*, des îlots à Urea-Wallis, la mer,

NOUVELLE CALÉDONIE
Grande case indigène sur le chemin de Ballade à Poepo (1863)

Planche biffée

RÉBUS
(Non, Morny n'est pas mort, car il noce encore)

un navire, des pêcheurs dans l'eau.

La *Pointe des Charbonniers*, de la presqu'île de Banks, à Akaroa, avait été gravée pour M. P..., ancien professeur de mathématiques au Lycée Napoléon, avec le droit pour Meryon de disposer de sa planche pour une publication de son voyage (lettre de Meryon à Léon Delaunay, 29 mai 1865, parue dans les *Nouvelles Archives de l'Art français*, année 1877). C'est un beau paysage de montagnes, de verdure, d'eau, de bateaux, un épisode de pêche à la senne sur le bord d'une anse dominée par des montagnes arides.

C'est de 1863 aussi que sont datés des rébus de Meryon. L'un est fait d'un cercle, un billot, un marteau, une figure de femme accroupie devant un baquet et lavant d'une éponge. Au bas et autour : Année MDCCCLXIII.

Le second rassemble une suite de dessins représentant des figures à déchiffrer et dont la signification serait : Béranger.

Au bas, on lit : « Ci-gît la Vendetta en 1863. » Puis : « Béranger ne fut véritablement fort, car il n'eut jamais la clef des chants. »

XLIX. — L'ÉTUDE DE PHILIPPE BURTY ET LES « OBSERVATIONS » DE MERYON. — LETTRE DE VICTOR HUGO

La consécration d'une longue étude vint à Meryon de Philippe Burty, qui publia, dans la *Gazette des Beaux-Arts* des 15 juin et 1er juillet 1863, une analyse perspicace de l'œuvre du graveur de Paris. Il l'écrivit sous la forme d'un catalogue de l'œuvre alors révolue. Il ne connaissait presque rien, — dit plus tard Burty, — son œuvre l'avait absorbé. J'eus grand'peine à recueillir de lui les notes biographiques et critiques à l'aide desquelles je composai la biographie et le catalogue publiés dans la *Gazette des Beaux-Arts* en 1863. Il fut très flatté de ces deux articles, qui m'avaient coûté infiniment de peine, et les annota avec un soin minutieux dans une série de lettres. C'était, pour Meryon, la postérité qui commençait. Sa modestie foncière et critique semble ne lui avoir ouvert les yeux que sur les erreurs qui avaient pu se glisser aux pages de Burty, et surtout sur les sentiments d'admiration qu'il jugeait excessifs. En réponse au critique, il rédigea une suite d'*Observations* où il fait lui-même l'examen de ses estampes, les jugeant en toute impartialité, avec un esprit très lucide quant à la technique de l'eau-forte, qu'il possédait en maître. Il dit ceci : « Les meilleures épreuves, celles qu'il faut consulter pour bien juger une gravure, sont celles imprimées régulièrement, c'est-à-dire le mieux essuyées possible, les tailles restant bien pleines ; le travail est alors bien apparent. Celles au contraire dans lesquelles le noir, par sa répartition, concourt à l'effet, peuvent être rejetées comme empruntant un moyen étranger. Lorsque je commençai, je me laissais fréquemment tromper par ces faux avis ; mais progressivement j'en suis arrivé à n'admettre guère que les tirages réguliers, qui demandent d'ailleurs, plus d'habileté réelle de la part des imprimeurs. Il est cependant des cas où ces épreuves séduisent à bon droit, mais ce sont des exceptions que le seul mérite autorise, ou fait excuser. En tous cas, ce genre ne convient pas à mes gravures, d'une exécution trop simple ou trop méthodique. »

Loys Delteil ajoute cette note [1] à ces préceptes de Meryon : « L'on sait également l'intérêt que Meryon portait aux papiers d'impression : il aimait tout particulièrement un papier *verdâtre* de la fin du XVIIIe siècle, qui dans bien des cas apporte un charme de plus à ses œuvres ; l'on rencontre aussi de fort belles épreuves de Meryon, sur un papier de Hollande, mince et nerveux, et sur du japon d'un ton chaud et coloré ; les épreuves sur un whatman épais sont en général les moins bien venues au tirage et les épreuves sur chine fixé, sont en majorité maigres d'aspect. »

Quoiqu'il en soit des remarques critiques de Meryon, l'étude de Philippe Burty témoigne pour l'artiste qui en fut l'objet, d'une clairvoyance admirative qui avait su devancer les temps et rendre la justice à celui dont la gloire a, depuis, pris possession de l'histoire de l'art.

En terminant, Burty donnait les raisons pour lesquelles il a dressé le catalogue d'une œuvre dont les cuivres étaient détruits, catalogue définitif à sa date, et d'un haut intérêt historique. Et il ajoute :

« Enfin, faut-il le redire ? Nous nous sommes senti pris d'un attachement inexprimable pour cette nature délicate et froissée à laquelle la destinée a versé à pleines mains les angoisses, pour cette originalité loyale qui traverse notre école sans se rattacher à aucune tradition, pour ce talent sobre et puissant qui ne regarde qu'en soi et autour de soi, et, dans nos temps d'exagérations impatientes, ne se pose ni en maître suprême, ni en victime incomprise, pour ce poète, enfin, qui a si bien compris et chanté Paris, l'âme de la France. » Plus tard, en 1879, lorsque Burty publia à Londres le *Catalogue descriptif de l'œuvre de Meryon*, il dit encore ceci : « Le peu que j'ai pu faire pour hâter l'éclosion de sa réputation est une des meilleures fortunes de ma vie de critique. »

J'ai connu, ou plutôt, rencontré Philippe Burty, chez Bracquemond, chez Edmond de Goncourt. C'était un homme distingué, au regard fin, au visage régulier un peu semblable à celui de certains dieux japonais. Il exprimait ses curiosités et ses opinions d'une manière douce et circonspecte, d'une façon suffisante pour révéler le connaisseur. Je sais que jusqu'à la fin de sa vie, il se réjouit d'avoir,

---

[1] Le *Peintre-Graveur illustré*, tome II : *Charles Meryon*.

le premier, rédigé le plan et la définition de l'œuvre de Charles Meryon, sur lequel il a écrit aussi un chapitre intéressant de son livre : *Maîtres et Petits-Maîtres.*

Cette étude de Burty valut à Meryon un nouveau témoignage de Victor Hugo sur les eaux-fortes de Meryon, qui devaient parler leur profond langage au poète grandiose. Hugo écrit à Philippe Burty une lettre que celui-ci publia dans la *Gazette des Beaux-Arts :*

« Ces eaux-fortes sont de magnifiques choses, il ne faut pas que cette belle imagination soit châtiée de la grande lutte, qu'elle soit livrée à l'infini, tantôt en contemplant l'Océan, tantôt en contemplant Paris. Fortifiez-le par tous les encouragements possibles. Le souffle de l'immensité traverse l'œuvre de Meryon et fait de ses eaux-fortes plus que des tableaux, des visions. »

Dans les « Observations » rédigées à la suite de l'étude de Philippe Burty, Meryon s'est expliqué sur la destruction des cuivres de sa série de *Paris :*

« La Chalcographie n'eut pas la bonne inspiration d'acheter au graveur ses cuivres, et les lui a laissé détruire dans des jours de profonde amertume. Je ne discuterai pas ici les devoirs de cette institution, qui me semble fondée dans un but au moins fort bienveillant pour les graveurs ; je n'ai d'ailleurs pas eu l'occasion, pour ma part, d'être en rapport avec elle, mais je puis dire immédiatement que je ne saurais me plaindre en aucune façon qu'on ne m'ait pas proposé d'acquérir mes planches, doutant même que pareil fait entre dans ses attributions et en second lieu je m'applaudis plutôt de la détermination que j'ai prise de les détruire. Je regrette seulement que l'état peu satisfaisant de mes finances ne m'ait permis avant la destruction de ces planches, que de faire un trop faible tirage de ces vues qui m'ont demandé beaucoup de peine et de temps. Hormis cette circonstance, ma conviction est que j'ai sagement agi, et qu'il serait à désirer que pareille mesure fût toujours prise. En effet, de la conservation indéfinie, il doit résulter de nombreux inconvénients : en premier lieu, c'est une cause d'arrêt, de stagnation dans la production, parce que le plus souvent les éditeurs qui ont ces planches entre les mains, s'illusionnent sur leur valeur, sont moins portés encore à en faire de nouvelles...

« En second lieu il en résulte presqu'immanquablement une

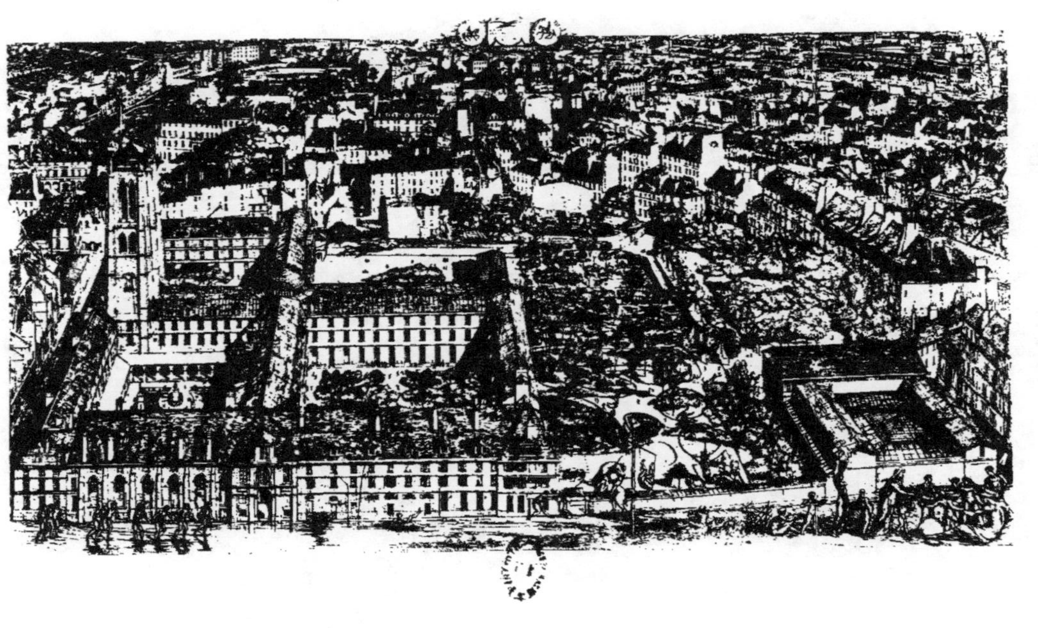

COLLÈGE HENRI IV

exploitation abusive et au fond préjudiciable à tous, par le tirage indéfini des planches, jetant ainsi dans la circulation des épreuves inférieures qui émoussent le goût et appellent l'indifférence...

« Ce sont donc ces considérations réunies qui me font dire qu'il serait à désirer que des règles fussent adoptées à cet égard, dans l'intérêt des gens du métier, comme dans celui des acquéreurs; ne serait-il pas possible par exemple que lors de l'émission d'une œuvre, le tirage n'en fût déterminé, tout d'abord la destruction de la planche exigée ? »

L.   LE COLLÈGE HENRI IV

Et voilà qu'un renouveau, ou plutôt une résurrection, apparaît dans l'œuvre de Meryon.

Cette gravure de 1861, le *Collège Henri IV*, n'est-elle pas un chef-d'œuvre parmi les chefs-d'œuvre de Meryon. C'est quatre ans avant sa mort, entre ses deux séjours à Charenton. Philipon et Salicis lui ont commandé ce cuivre pour occuper son esprit et son talent, et Meryon, avec sa sûreté de coup d'œil coutumière, juché dans la lanterne du Panthéon, a établi à vol d'oiseau la vue du Collège et du quartier qui l'environne. Il a d'abord conçu, en même temps que la réalité, toute une partie d'invention rêvée ou divagante, des personnages de premier plan qui s'assemblent, qui luttent ou qui courent sur un terrain, en avant des jardins et de la façade, un centaure qui projette en l'air son cavalier, toutes figures minuscules, à peine visibles. Autour du collège, des jardins, de quelques maisons avoisinantes, l'espace est vide, et tout à coup Meryon commence à le garnir par un paysage de montagne et de mer, remplaçant l'océan de Paris : des voiles, des mâts de navire apparaissent, des vols d'oiseaux de mer s'élèvent, et cette fantasmagorie entoure le plan le plus rigoureux, des hauts bâtiments du collège percés régulièrement de fenêtres, les cours plantées d'arbres, la Tour ogivale à l'angle de l'une de ces cours, les jardins couverts d'arbres comme en un clos de Normandie, et l'entour des maisons prochaines, aux toits sombres, aux cheminées pressées, aux façades blanches.

Le plus beau des états est celui où le paysage inventé et les

152

navires ont été effacés et remplacés par les maisons du quartier. Mais
il est nécessaire, ici, de laisser parler Meryon lui-même qui s'est
expliqué sur les différents états de cette belle gravure :

Sur le 1ᵉʳ état, il écrit : « Collège Henri IV, ou lycée Napoléon,
avec ses dépendances et constructions voisines. Cette pièce qui, à
notre sens, a un côté très sérieux, indépendamment de quelques particularités ayant trait à son exécution, que nous passons ici sous silence,
lesquelles peuvent lui prêter de l'intérêt, n'est pas encore terminée,
comme il est facile de le voir, maintes corrections devant y être faites :
mais nous offrons telles quelles ce nombre d'épreuves (30) de cet état
spécial, que nous avons dédié, dans notre pensée, à ces adeptes entièrement dévoués à la cause une et absolue du Vrai et du Bien, ayant
pour nous quelque sympathie (avec nos maladresses, bien apparentes
ici, non sans intérêt encore pour la critique); espérant que ce présent
mode d'expression de notre manière de voir (bizarre et fort risqué,
nous le sentons, mais sincère), trouvera accès auprès d'eux, s'ils veulent
bien prendre la peine d'interpréter les choses qui se voient figurées ci
au-dessus de la représentation positive ; nous en reposant, pour les
meilleurs conclusions et parti-pris subséquent sur leur plus grande
pénétration, science, volonté et force : et surtout enfin sur leur plus
parfait état de grâce auprès du Divin Maître qui nous guide dans les
opérations de notre esprit, dans nos déterminations, exauce ici-bas nos
vœux, et nous donne assistance pour la réalisation de nos entreprises.
Paris, ce 15 janvier 1864. »

Sur le 8ᵉ état, il écrit : « Vue a vol d'oiseau du collège Henri IV
ou lycée Napoléon, Grand et Petit collèges. Avec les jardins qui en
dépendent et les constructions avoisinantes. Prise de la lanterne du
Panthéon : exécutée sur la décision et aux frais de sociétaires du dit
Établissement, Maîtres et Élèves ; dans le but de conserver la mémoire
de ce séjour, mais surtout, de leur part, dans une pensée protectrice
et de sollicitude pour l'Art ; l'auteur, simple et bien faible interprète
en cela d'opinions plus générales, y ayant placé (si inférieur que puisse
être la présente œuvre), outre les personnages donnant l'idée de la
vie qui anime ordinairement cet asile, quelques autres figures, ou
groupes allégoriques, par lesquels il s'est proposé d'exalter les vertus
et les exercices du corps, sanctionnés par l'expérience et la sagesse

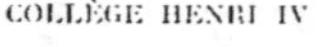

C. MÉRYON SC.

5ᵉ état

COLLÈGE HENRI IV

154

humaine ; car il appert présentement que cette école, si dure soit-elle,
nous a été imposée en ce monde par le CRÉATEUR, à nous tous qui
tenons à conserver une organisation forte, pure, et notre dignité ; devenant même, suivant toute apparence, plus nécessaire à mesure que
l'HUMANITÉ, confiante en sa FOI, mais toujours s'affaiblissant, marche
vers l'avenir ; à la Jeunesse, surtout, le plus souvent jalouse, comme
d'intuition professionnelle, de la stricte observance de ces devoirs
sacrés ; ce pourquoi l'on peut alors, en des cas extraordinaires, s'en
reposer plus particulièrement sur elle ; toutes pratiques et vacations
auxquelles il nous faut courageusement nous astreindre et qu'il convient d'accepter sans contestations, notre intelligence première ne nous
suffisant pas pour bien apprécier d'abord l'urgence de ces sujétions.
Paris, Août 1864. »

Enfin, sur l'épreuve définitive, où il n'y a plus de paysage poly-
nésien, d'océan pacifique, de navires, où il n'y a plus que la vérité,
Meryon écrit cette description lucide, où les dernières lignes seulement
sont marquées de faiblesse mentale :

« Dans cette pièce reproduite textuelle et minutieuse de la réalité,
j'ai apposé au milieu du trait supérieur deux médaillons portant les
effigies de deux souverains sous l'invocation desquels est placé le
Lycée, Henri IV et Napoléon III... Entre ces médaillons, une tablette
sur laquelle on lit la devise latine par laquelle je me suis proposé de
résumer la pensée qui avait présidé à mon œuvre. Dans cet état, le
fond est, en tous points, gravé avec une précision allant presque jusqu'à
la minutie. Je citerai vers le centre du collège à la façade du corps de
logis mitoyen donnant sur une des cours, un cadran solaire en pierre
s'élevant sur le toit ; dans le coin à gauche une partie de Saint-Étienne-
du-Mont... dans l'angle en haut et à droite Saint-Médard, tout à fait
à la limite du coin à gauche, le pavillon d'entrée sur le quai de
l'Entrepôt des vins, au-dessous du médaillon de droite, la prison
Sainte-Pélagie où l'on peut distinguer les guérites des factionnaires...
A l'aplomb encore de ce médaillon vers le centre, en partie dans
l'ombre, l'entrée de la rue Copeau... Usant de mon droit d'auteur pour
cette pièce, j'ai indiqué par mes initiales C. M. une maison rue Saint-
Étienne-du-Mont, 26, que j'ai habitée pendant un laps de temps, où
j'ai fait ma suite intitulée : « Eaux-fortes sur Paris. » A proximité une

autre où j'ai connu ou plutôt vu et entendu quelquefois une jeune fille[1] dont je m'étais inconsidérément épris à cause surtout de sa fort gracieuse voix laquelle me mit plus d'une fois à la torture et qui eut une assez grande influence sur certains événements de ma vie, mais influence plutôt, hélas ! néfaste. (Extrait d'une lettre de Meryon parue en 1864, dans l'*Union des Arts*.)

Il n'y a rien à ajouter à cette description que la louange de l'harmonie colorée de cet amas de maisons, de fenêtres, de cheminées, de toits pressés et distincts, qui enserrent la noble construction du Collège et de sa Tour, et la verdure de ses jardins, oasis verdoyant du sombre faubourg.

LI. — LE BAIN FROID CHEVRIER. — LE PETIT PRINCE DITO. — SCIENCE ET DÉLIRE

Pendant ces années difficiles, les amis et les admirateurs de Meryon s'ingénièrent à vouloir le rattacher à la vie par son art, et c'est ainsi, comme Philipon et Salicis, qu'un artiste, Henry Le Secq, lui fit graver l'eau-forte du *Bain-froid Chevrier*, laquelle a sa place naturelle dans la série de Paris qui a immortalisé Meryon. La gravure vaut par les qualités habituelles de l'artiste, par la solidité de construction du Pont-Neuf avec les tourelles bâties sur les sommets de ses piles, l'ombre du pont sur la Seine, le surgissement du Béarnais sur son piédestal, les maisons des quais à l'entrée de la rue Dauphine, et la maison flottante du Bain, son drapeau incliné, les personnages en barque, sur les passerelles, et aux fenêtres, qui animent la composition de leurs silhouettes.

Le travail de cette eau-forte se trouve révélé par la série de lettres écrites par Meryon à l'amateur qui lui en avait fait la commande, et dont quelques fragments ont été publiés par Loys Delteil dans sa publication du *Peintre-graveur illustré*, dont un volume est consacré à Meryon. Celui-ci a fait le relevé du temps employé à l'exécution de

(1) Mlle Henriette Neveu.

156

cette petite gravure, par jours et fractions de jours, et il obtient un total de 45 jours pleins, en comptant les jours de 6 à 8 heures. Il a conçu deux dessins par lesquels il a modifié la réalité pour avoir un effet plus complet. Il fait mystérieusement allusion au *procédé tout particulier* qu'il a appliqué pour cette pièce, et il se réserve de faire de vive voix des communications plus intimes. Il ajoute : « Cédant aussi au désir que vous m'avez exprimé, bien contre ma manière de voir, je vous avais promis de vous livrer la planche ; mais vous pouvez comprendre, après toutes ces explications que je vous ai données, que je m'en défende encore et j'espère que vous voudrez bien vous rendre à mes observations, pour sa destruction, après un tirage raisonnable fait, suivant la règle que je suis maintenant. Songez à tous les abus qui peuvent avoir lieu, pour n'avoir observé cette sage mesure ! Une planche étant donnée, il est très facile, de nos jours, avec tous les moyens qu'offre l'industrie, de la reproduire indéfiniment : le moulage en plâtre, la galvanoplastie, l'aciérage, la photographie, le rapport de l'épreuve par la lithographie même peuvent se prêter à ces contrefaçons... »

Cette lettre est du 18 octobre 1861. Dans une autre lettre, du 18 octobre, il revient sur cette recommandation : « Comme je vous l'ai dit, ayant été obligé d'entreprendre encore une autre vue de Paris [1], qui, j'aime à le penser, du moins, sera la dernière, je ne veux renvoyer plus loin de m'acquitter avec vous, et vous livrerai la planche du Bain-Froid Chevrier, que j'ai faite à votre intention. J'eusse désiré seulement qu'on suivît pour cette pièce la règle que j'ai adoptée, c'est-à-dire qu'elle fût détruite, après tirage immédiat fait... Je pense que vous goûterez cette variété un peu recherchée que je me suis plu à avoir dans ces cinquante épreuves avec les vers : il y en a vingt imprimées avec de l'encre mine-orange ; dix, or ; dix, en bleu, et dix, avec du noir ordinaire... »

Contrairement au désir de Meryon, le cuivre n'a pas été détruit, et l'un des héritiers de M. Le Secq l'a offert au Cabinet des Estampes de la Bibliothèque Nationale. La gravure s'accompagnait de ces vers innocents :

(1) Ministère de la Marine.

BAIN-FROID CHEVRIER

BAINS-FROIDS CHEVRIER

Eh oui ! maladroit
De la grande nature
Qui nous donne la Foi
Et confond l'Imposture
La vraie loi de l'Égalité
Et le plus sûr garant de notre probité
Qui lie le serviteur au maître
Et le sujet au roi
C'est qu'il faut en tout temps sagement nous soumettre,
Au dur, au rigoureux mais suprême Bain-froid.

Le *Petit Prince Dito*, de 1864 aussi, est par contre, une figure incompréhensible qui gambade sur un cheval au galop. Elle est accompagnée des vers suivants qui montrent l'imagination de Meryon en plein délire :

C. MERYON SC.

LE PETIT PRINCE DITO

PETIT PRINCE DITO

(BAL DE N** CALE...)

FANTASIA

Je suis le fils de la.....
Et d'un gros bonn charbonna
Mais Fortune me donna,
Pour notre bien j'imagine,
Une toute autre origine....

Or si le fait est légal,
Ma foi ! je m'en arrange
Il faut bien qu'ça m'soit égal,
Du moment que j'bois et mange.

Donc je suis de sang royal
Comme mon vaillant cheval ! (bis)

LII. — UN RAPPORT DE MERYON AU VICE-AMIRAL RAYNAUD

Le 8 décembre 1864, Meryon adresse un rapport volumineux au vice-amiral Raynaud, avec cet en-tête : « Bien cher monsieur Raynaud (si vous permettez que je me serve envers vous de cette épithète),

Très honoré Amiral. » Il lui dit en longues phrases le bonheur qu'il a de le savoir bien portant et de retour en France, et les craintes qu'il a eues pour lui. Il a vu les photographies où il l'a reconnu, il est allé au ministère de la marine où M. Bideaux, employé au bureau de l'état-major de la flotte, à qui il a eu l'honneur d'être présenté par M. Caillet, ancien professeur de navigation à l'École navale, lui avait confirmé l'arrivée et donné l'adresse du vice-amiral Raynaud. Que lui veut il ?

Il est difficile de le savoir à travers l'amphigouri, le verbiage des phrases qu'il enfile sans trêve, parlant de machinations, de faction impudente, de vices pernicieux, dégradants, etc. Il lui rappelle que le 13 mars 1862, il lui a adressé une longue lettre dans laquelle il lui proposait de donner suite aux intentions que M. Bérard avait eues de publier le voyage du « Rhin ». Or, il met cette publication au nombre de ces moyens par lesquels on pourra combattre, réduire le mal. Il y a, à Paris même, dangereux foyer de vice, beaucoup d'hommes actifs, influents, dévoués, qui donneront de plein gré leur aide... Il pense que le vice-amiral pourra patronner, diriger cette œuvre, pour laquelle Meryon fournira dessins et gravures de dix ou douze planches, dont il a déjà fait quatre. Tout ce qui accompagne cette proposition est incompréhensible, abonde en épithètes. Il n'y a quelque clarté que lorsqu'il cite le docteur C.-L. Meryon comme capable d'opposition à ses projets, et qu'il désigne comme l'homme dont il porte le nom et qu'il a considéré longtemps comme son père, mais qui n'a été sans doute qu'un protecteur pour sa mère et un tuteur pour lui. Il a agi de concert avec quelques-uns des siens, un fils nommé Jean, une fille nommée Eugénie. Ils auraient trouvé un auxiliaire dans un chirurgien de la marine qui a pu les connaître à Marseille, et avec qui M. Meryon s'est trouvé embarqué sur l'*Alger*, lors de son premier voyage, et qu'il a revu à Akaroa quand arriva la *Seine* sur laquelle il était. Il espère que les uns et les autres, dans leur propre intérêt, resteront tranquilles. Il sait aussi que E. F... (Foleÿ) a voulu publier un ouvrage, sorte de nouvelle ou roman, intitulé *Etaka*, imitation du *Télémaque* de Fénelon, par lequel il aura voulu contrarier les projets de Meryon.

Il en vient à sa santé, rétablie, dit-il, grâce au sage régime qu'il suit, au calme qu'il connaît, nécessaires aux fonctions de l'esprit et du cœur.

Dans ce retour à la santé et à la raison, il voit une intervention de la
Providence Divine, qui peut se servir du plus faible pour arriver au
Bien général qu'elle se propose. Il est plein d'humilité, se considère
comme un instrument imparfait, mais utile. On a voulu l'expérimenter,
et il a fait preuve d'une perfection de sens inattendue, c'est ainsi que
l'ouïe l'a puissamment aidé dans la compréhension de faits fort nombreux. « Il y a, dit-il, de fort intéressantes études à faire sur l'état ou
se maintiennent et vont se propageant, dans un milieu si perturbé que
ce soit, *les ondes sonores affectées d'une forme déterminée* par un grand
nombre de voix, formulant, répétant toutes en maints lieux une même
pensée, lesquelles coïncidant avec des prédispositions correspondantes
de l'esprit et de l'ouïe chez d'autres individus, viennent comme à point
nommé, frapper ces derniers. » Il pense qu'il y a des lois positives à
établir sur les rapports qui existent entre les facultés intellectuelles et
des fluides atmosphériques.

Il a eu, le 3 mai dernier, la visite de M. Ribout, qu'il a connu à
l'École navale où il était son voisin de batterie. M. Ribout a vu le vice-
amiral Raynaud aux Antilles, où il était sous ses ordres. Il a déjeuné
ou diné deux ou trois fois avec lui, et lui a parlé de la publication.
Mais M. Ribout a quitté Paris pour Vichy, puis pour Saint-Pétersbourg,
et il ne l'a revu plus tard qu'à Paris, boulevard Malesherbes, puis rue
de Varennes, 81, et cette fois il a appris l'arrivée du vice-amiral
Raynaud à Brest. Il a fait des démarches au ministère de la marine,
demandé audience en septembre et novembre 1861, en mars 1862, puis
une dernière requête le 30 juin 1862. Il lui a été répondu le 11 juillet
suivant qu'on ne s'opposait pas à la publication, mais que l'État ne
pourrait l'aider en aucune façon. Il cessa ses démarches, s'occupa à
d'autres travaux, puis fit des tentatives auprès du ministère des Beaux-
Arts, il adressa sa demande à M. le Ministre de la maison de l'Empereur et des Beaux-Arts. Il lui fut répondu que le budget des Beaux-
Arts ne permettait pas de lui allouer, pour ses gravures, la somme de
dix mille francs qu'il demandait pour le coût d'exécution et un premier
tirage (le temps nécessaire estimé à trois années). Nouvelle demande
de Meryon. Seconde réponse semblable. Meryon compte sur le vice-
amiral Raynaud pour faire aboutir ces démarches.

Passant à ses relations, il marque qu'il a cessé de voir F...., qu'il a le regret de voir se fourvoyer dans une voie dangereuse; G. S..., qui est capitaine de frégate, et qu'il blâme aussi pour la façon assez triste dont il applique ses théories. Suit une diatribe sur le caractère et la manière de vivre de S..., qu'il déclare atteint d'une sorte d'aliénation mentale. Meryon est allé chez le Père Enfantin où il a connu M. le capitaine de vaisseau Guillain, qui vient d'être nommé gouverneur de la Nouvelle-Calédonie. Il a écrit depuis à celui-ci, mais sa lettre est restée sans réponse. Il a écrit aussi à Courdonan, peintre renommé de Toulon, qui ne lui a répondu qu'une fois. Et subitement, il part contre Béranger, sa réputation surhumaine, sa monstrueuse déification, calamité de notre époque! Des types d'hommes de ce genre, offerts comme exemple aux masses, inoculeraient dans l'humanité tout entière les principes les plus corrupteurs du mal. Que l'on renie au plus vite de telles idoles dont on ne pourrait plus longtemps masquer la hideuse nature! Ah! Sinon, que de tristes spectacles nous nous ménagerions! Que de contorsions, que de vains cris de désespoir, de rage impuissante, etc. Et il revient, pour lui, et pour le bien de tous, à la nécessité de publier la Relation de voyage du « Rhin », qui serait un des premiers faits efficaces pour combattre les maux actuels. L'un des résultats, serait de favoriser l'émigration par le goût du voyage.

Il s'en remet à M. Raynaud. Lui, Meryon, est trop faible, il n'a pas la tête, la force, la présence d'esprit du vice-amiral auquel il s'adresse. Il a souffert toutes sortes de maux, il s'est égaré, a fait de faux pas, donné dans des embûches, failli par faiblesse, par crainte, marché longtemps dans des voies ténébreuses, d'où il ne s'est tiré que par miracle, secouru à temps par de bien généreux amis. Il y a des gens qui le prétendent mort, qui disent voir en lui un revenant, un sorcier... Meryon les intrigue, trouble leur sommeil, ils voudraient le voir disparaître.

Il termine : « Veuillez agréer, vaillant amiral et très honoré, bien respecté, l'expression de ma sympathie la plus vive, mes félicitations empressées et sincères et les vœux ardents que je fais pour votre bonheur. Votre tout dévoué et bien respectueux serviteur, C. Meryon, ex-enseigne de vaisseau, (graveur), 20, rue Duperré. »

LE MINISTÈRE DE LA MARINE

LIII. — LE MINISTÈRE DE LA MARINE. — LETTRE DE MERYON

L'eau-forte du *Ministère de la Marine*, de 1865, que logiquement devait graver Meryon, hanté par les souvenirs de sa première existence, est un frappant exemple de son déséquilibre mental. L'encoignure du ministère, fragment de la belle architecture de Gabriel, le trophée au-dessus du toit, le bâtiment et la porte d'entrée sur la rue Royale, la vue en perspective de la place de la Concorde, de l'Obélisque et de la Chambre des Députés, au delà du pont de la Concorde, tout ce paysage de Paris est d'une science irréprochable, avec ces beaux noirs dont Meryon garde le sens jusqu'au bout, dont il creuse les fenêtres, dont il marque les moulures, dont il modèle les colonnes. Mais voici que son imagination délirante entre en scène, fait irruption parmi la foule grouillante et cavalcadante qui encombre les abords du ministère, se révèle par le sabre jeté à terre au premier plan, et surtout par l'arrivée, portés sur les nuées, d'une flottille de bateaux, d'un galop de chevaux montés par des diablotins, de poissons volants montés aussi par des diables armés de piques.

Ce sera, en effet, la dernière vue de Paris gravée par Meryon. Il dit adieu à la ville où il a souffert par cet assaut de ses rêves à la maison, dure comme une forteresse, où ses états de service de jeune enseigne ont été inscrits, à l'aube de sa vie, alors qu'il appareillait pour les îles lointaines.

On peut rapprocher de cette gravure du ministère de la marine une lettre écrite par Meryon, qui rappelle son passé de marin en même temps qu'il fait la critique de son œuvre de graveur. C'est la lettre adressée à M. Léon Godard, auquel Meryon avait envoyé des eaux-fortes, dont il avait parlé dans son journal la *Propriété littéraire et artistique* :

« Vous avez dit quelques mots de mon passé comme officier de marine. Je n'ai porté l'épaulette que peu de temps ; je l'ai déposée parce que je ne me sentais pas assez solidement construit, tant au physique qu'au moral, pour commander en toutes circonstances à des hommes que je considère la plupart comme les plus dévoués, les plus honnêtes, les meilleurs qu'on puisse rencontrer. C'est avec un profond

162

sentiment de sincérité que je m'honore d'avoir passé la meilleure
partie de ma jeunesse au milieu de tels hommes, officiers et matelots.
La cause ci-dessus, jointe au penchant naturel que j'ai toujours
eu pour les arts, m'a fait me hasarder sur la route où je chemine
aujourd'hui.

« Je vous remercie beaucoup de tout ce que les quelques lignes
que vous avez écrites dans la *Propriété littéraire* expriment d'élogieux
et d'honorable pour moi; mais je pense que vous me jugez beaucoup
trop favorablement. Tout en ayant moi-même la conscience des
bonnes qualités que peut avoir mon œuvre, je sais mieux que personne mon côté faible, le manque de la perspective aérienne. Le trop
de dureté dans l'exécution, de fidélité dans les détails, sont d'autres
défauts saillants que vous n'avez pas indiqués, peut-être pour me
laisser jouir pleinement des compliments que vous me faites; je veux
donc n'accepter qu'une partie de vos éloges : me les approprier tous
serait m'exposer à de justes et pénibles déceptions. »

Autre lettre (autobiographique) adressée à M. Léon Delaunay,
secrétaire de la commission des Beaux-Arts à l'exposition d'Alençon.
Meryon voit des ennemis partout. Son acte de naissance irrégulier
l'obsède :

« Il résulte de là et d'autres causes encore provenant de circonstances de ma naissance dont j'ai dit quelques mots plus bas, que dans
le corps d'état des graveurs, la plupart n'ont voulu m'admettre, qu'on
m'a contesté et me conteste encore mes œuvres, qu'on m'a nié ma
personnalité, et qu'on a même été plusieurs fois jusqu'à me dire mort
pour motiver cette fraude et l'exécuter : je vois qu'on se sera appuyé
de ce prétexte, que le nom que je porte ne m'appartient pas, quoique
la teneur de mon acte de naissance me l'accorde dûment.

« Je dois vous dire ici qu'à cette pension dont je parle (pension
Savary, aujourd'hui institution Aubert Savary), j'étais connu sous le
nom de Gentil, n'ayant pris celui de Meryon que lorsque je commençai
ma carrière de marin; ce nom est celui d'une famille résidant en
Angleterre, et de l'un de ses membres les plus anciens, M. C.-L. Meryon
que je crus longtemps mon père, mais qui n'a été, je pense, que mon
tuteur : la teneur de mon acte de naissance m'autorise à porter ce
nom, et consentement m'a été confirmé récemment sur la proposition

L'Ancien Louvre

que je fis moi-même de me désister si ce devait être une cause de préoccupation pour lui, de préjudice pour moi (par M. C.-L. en personne), de telle sorte que je me considère comme pouvant repousser les contestations qui surgiraient dorénavant, résultant d'arrières-pensées encore cachées sous cette autorisation.

« D'ailleurs, ce nom, je prétends l'avoir dûment acquis par mes œuvres qui me sont toutes personnelles, et je dirai même que le genre de ma vie, tant passée que présente, en justifie assez bien, ce me semble, la composition étymologique. »

LIV. — SOUVENIRS DES VOYAGES D'AUTREFOIS. — L' « ANCIEN LOUVRE » DE ZEEMAN. — FRONTISPICES, BILLETS D'ACTIONS, RÉBUS.

Il continue, en 1865-66, à graver ses souvenirs de 1845 :

Les *Greniers indigènes à Akaroa* (presqu'île de Banks) : des monticules, des forêts, de la verdure, des enclos recouverts de toitures, des poules, des porcs. Des indigènes accueillent un Européen.

La *Petite colonie française d'Akaroa*, dans la Nouvelle-Zélande, presqu'île de Banks, a été vue par Meryon, vers 1845, au cours du voyage du *Rhin*, ainsi qu'il est indiqué sur le quatrième état de sa gravure : une anse, le rivage, une montagne, de la verdure, des cases, des fumées.

En même temps, il grave la *Chaumière du Colon*, vieux soldat, à Akaroa (Nouvelle-Zélande), vers 1845, une maisonnette, un palmier. Sur une pente, des cases. Au fond, des montagnes.

Il compose et grave la *Couverture du Voyage à la Nouvelle-Zélande*, cadre destiné à encadrer le titre, fait de détails d'ornements habilement, intelligemment choisis. Au premier plan, l'eau de la mer, des poissons, des ancres, des pirogues. Sur les côtés, des troncs d'arbres à chapiteaux, des haches, des sagaies, des pelles, des tridents, des filets. En haut, des banderoles et deux sabres croisés d'officier de marine.

Meryon projetait de publier en gravures un album des croquis recueillis par lui, de 1842 à 1846, au cours du voyage de la corvette le *Rhin*, sur laquelle il était enseigne de vaisseau. Il n'obtint pas une subvention du ministère de la marine, malgré la recommandation du

contre-amiral Bérard, et ne put éditer que quelques planches, par
manque de subsides.

Le cuivre de Meryon, d'après la *Vue de l'ancien Louvre du côté de
la Seine*, de Zeeman, appartient (c'est le seul) à la Chalcographie du
Louvre, qui l'a acheté 1.600 francs, le 10 mars 1865. C'est une fort
belle gravure par laquelle Meryon a payé sa dette à Reynier Zeeman,
qu'il appelle son maître. Il l'exposa au Salon de 1866. Elle est belle

COUVERTURE DU VOYAGE A LA NOUVELLE ZÉLANDE
(1842 à 1846)

par la fine architecture, par la Seine chargée de lourds bateaux, par le
ciel où les nuages s'amoncellent.

Le Frontispice pour le Catalogue de Th. de Leu, dessiné et gravé
par Meryon, se présente avec ce titre : « Thomas de Leu, essai du
Catalogue de son œuvre, précédé d'une notice historique par Thomas
Arnauldet. »

Les *Projets de billets d'actions* (d'une pseudo compagnie franco-
californienne), que Burty cataloguait ainsi : « Essai d'une gravure en
relief, à l'aide de laquelle on aurait pu contrefaire des billets de

banque. » Des chiffres, un profil, un mot : « France », et un ornement
de style étrusque. Meryon écrit à ce propos pour rectifier Burty :
« D'après l'avertissement donné par l'auteur, cette phrase placée entre

C. MERYON SC.

FRONTISPICE POUR LE CATALOGUE DE THOMAS DE LEU

guillemets aurait été écrite par moi, mais il y a une erreur, il n'en est
rien. J'avais fait dans le temps ces essais à l'occasion d'une planche
qu'on m'avait proposé de graver malignement, je l'ai compris depuis,

pour les billets d'actions d'une compagnie qui ne s'est pas réalisée, en projet reliant certains intérêts entre la France et la Californie. Sans ouvrage ni ressources connues à cette époque, je m'étais vu dans l'obligation d'accepter. Comme ce genre était loin de rentrer dans mes attributions ordinaires, l'ignorance où j'étais de la marche à suivre et des procédés me conseilla quelques essais ; c'est ainsi que furent émises ces rares épreuves, suite de tâtonnements qui restent tout à fait sans importance. »

En 1866, il revient à ses rébus, grave celui-ci : « Non, Morny n'est pas mort, car il noce encore. »

Sur une des épreuves de ce rébus, il y a cette dédicace de la main de Meryon : « A Mademoiselle G. N. Rébus. Peut y toucher à tous risques. Que l'on ! ? p. p. p..... C. M. P., 25 août 1866. »

Le 1er mai 1866, il écrivait « à M. Bracquemond, peintre-graveur » :

« Cher monsieur Bracquemond, après vous avoir attendu assez longtemps dans le Salon de la Gravure, j'ai fait un premier examen rapide de ceux de la Peinture, cherchant les noms de quelques artistes que j'ai connus jadis. — Je vous écris ce court billet pour vous dire que je vais presque toujours, le dimanche et le mercredi, de neuf heures à minuit moins un quart, au café Larochefoucauld, rue de ce nom, pour y prendre, tout en parcourant les Journaux illustrés, dont j'aime à voir les images et les nouvelles, une demi-tasse de café, liqueur qui a aussi ce don particulier de bercer nos chères illusions. Si vous voulez avoir l'amabilité de vous y rendre, de même que je pourrais aller vous trouver dans votre quartier en quelque pareil lieu, nous y causerons à notre aise de la Vérité, et de nos intérêts.

« Votre bien sincèrement dévoué,

« C. Meryon.

« Meryon, Charles. »

À M. Bracquemond, peintre-graveur

Paris, le 1er Mai 66

Cher Monsieur Bracquemond...

Après vous avoir attendu assez longtemps dans le Salon de la Gravure, j'ai fait un premier examen rapide de celui de la Peinture, cherchant les œuvres de quelques artistes que j'ai connus jadis — Je vous écris ce court billet pour vous dire que j'y vais presque toujours, le dimanche et le mercredi, de 9h à minuit moins un quart, au Café Larochefoucauld, rue de ce nom, pour y prendre, tout en parcourant les Journaux illustrés, dont je mène à vous les images, les nouvelles, une demi-tasse de café, liqueur qui a aussi le don particulier de bercer nos chères illusions. Si vous voulez avoir l'amabilité de venir y vendre, de même que je pourrais aller vous trouver dans votre quartier en quelque jour et heure, nous y causerons, à notre aise, de la Vérité, et de nos intérêts.

Votre bien sincèrement dévoué

C. Meryon

Meryon Charles.

LV. -- LA LOI LUNAIRE EN 1866. - LE PRO VOLANT DES ILES MULGRAVES. - MANIÈRE DE VIVRE. -- MANIES ET FOLIES. - CINQ FRANCS LE CHEF-D'ŒUVRE

En proie à l'idée fixe, poursuivie à dix années de distance, pour faire suite à sa *Loi solaire*, gravée en 1855, et à la première *Loi lunaire*, gravée en 1856, Meryon rédige et grave, en 1866, la seconde *Loi lunaire*, où le déséquilibre s'inscrit à chaque mot du commentaire dont voici le texte :

LOI LUNAIRE

Dictateur d'une forte république vu que l'homme jeté sur la terre, assujeti, pour des causes inconnues, à un dur destin, doit dompter la paresse, sa plus redoutable ennemie, et se prémunir contre le mal toujours et par tous moyens :

Vu 1° que le lit de nos cités est, en maints cas meublé de paresse et de luxure ; que la position droite est de toutes la plus noble ; que celle couchée fait des lascifs, ne convient qu'aux infirmes et aux morts ; interdirais pour ça l'usage dudit meuble dans toute l'étendue de ma jurisprudence, exigeant que ceux-là dorment debout et dehors, dans des niches verticales fichées en terre, les tenant en strict respect :

Le chef ceint d'un casque	Par concave armature ;
Par un moufle étriqué	Le poitrail ouvert amplement
Sous l'orbite qu'il masque,	Pour fonctionner plus pleinement,
Et le crâne appliqué ;	Les bras en croix en cette pose ardue
Ou par la chevelure,	Qu'eût Christ exhalant son âme éperdue,
Sans façon suspendu ;	Le séant comme en selle ;
Le ventre maintenu,	Le pied dans l'étrier,

comme eussent fait enfin l'héroïque pucelle, Duguesclin, ou Bayard, le preux chevalier : et la face tournée vers le Levant, pour que l'aube matinale le frappe de sa lumière.

Vu 2° que la nuit veut repos et silence, que la lune en est le flambeau naturel, qu'il est de très dommageables abus dans l'emploi des feux factices qui consument ainsi en pure perte des substances d'utilité première ; le restreindrait le plus possible, tant par économie commune que dans un but préservateur des organes du souffle et de la vue ; et le tout comme saine mesure préventive et pour les plus parfaites conservation et amélioration des facultés humaines, cette loi cause puissante de force et de pureté s'appellerait : Loi lunaire.

C. M. imp. rue Duperré 20,   Paris S. O. 66.

(au centre de la figure : 1866

L'image qui accompagne cette seconde version de la *Loi lunaire*, est gravée en hauteur, et représente la boîte-cercueil dans laquelle Meryon dormait debout, les bras étendus, soutenus, emboîtés comme le torse et les jambes. Un cœur est dessiné au centre.

La même année où Meryon dessine et divague cette Loi lunaire,

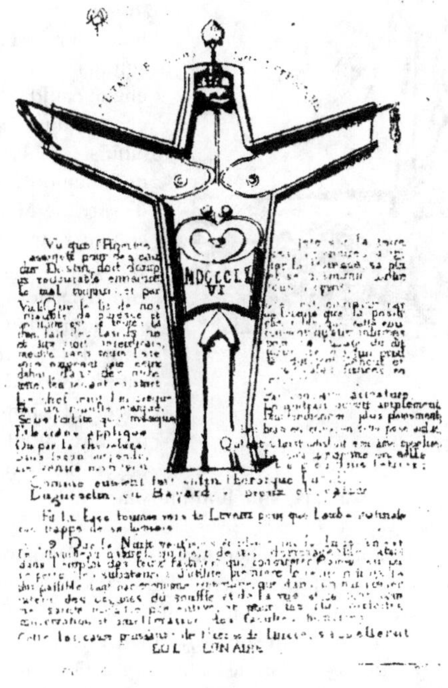

C. MERYON SC.

LA SECONDE LOI LUNAIRE

il grave une délicieuse petite eau-forte dont il a retrouvé l'image au fond de sa mémoire. Le *Prô volant des îles Mulgrave* est une barque qui file à travers les lames, la voile gonflée, les cordes tendues. Le mouvement est d'une rapidité visible, la barque court comme les

C. MERYON SC.

PRO-VOLANT DES ILES MULGRAVE (1866)

flots qui l'entraînent, comme les oiseaux dont le vol l'accompagne dans le ciel.

Cette petite eau-forte devait, d'après Aglaüs Bouvenne (et Félix Bracquemond), servir à Meryon de bon pour inscrire ses consommations du café Larochefoucauld, valeur d'échange qui pourrait être admise, mais qui ne sert qu'à démontrer le désarroi d'esprit de Meryon, sa méconnaissance des réalités, et aussi sans doute son embarras devant les dépenses journalières. L'artiste dont les productions devaient rayonner au feu des enchères s'inquiétait de la manière dont il pouvait payer, par tout ce qu'il possédait, son génie et son art, son humble place à la table et dans la fumée d'un café.

Le démon de l'invention cherchait aussi à s'emparer de lui. Il montrait à Bracquemond des crayons alourdis par un plomb qui devait faciliter le croquis. Il s'ingéniait à découvrir de nouvelles manières de dessiner, en tenant son crayon par l'extrémité, en frappant le papier à petits coups, etc. M. de Salicis dit à Bouvenne, qu'il avait vu Meryon dessiner et qu'il commençait son dessin en allant de bas en haut. Il lui demanda pourquoi, et Meryon lui répondit : « Ne construit-on pas les édifices par la base ? pourquoi voulez-vous que j'en fasse la reproduction dans le sens inverse ? »

Tous les actes de sa vie lui étaient dictés par une volonté spécieuse. Il ne se nourrissait que de poissons cuits dans du lait, affirmant que c'était la seule alimentation nécessaire pour conserver sa santé et l'esprit libre. Burty allait passer quelques instants avec lui, rue Duperré, où fut son dernier logis. L'atelier était encombré de la presse en bois dont la police lui avait toléré la possession et sur laquelle il tirait ses épreuves d'essai. Sur les murs, rien que le portrait de Decourtive et une feuille de fougère. A droite, une petite chambre d'une propreté méticuleuse que Burty le trouva souvent occupé, hiver comme été, à laver à grande eau, s'inondant aussi le corps de grands seaux d'eau. Probablement sur les réclamations du propriétaire de l'immeuble, il fit ses ablutions dans la cour. Burty ajoute : « S'il était de bonne humeur, je m'asseyais auprès de lui. Nous causions. Il me parlait des malheurs immérités de son enfance, de sa mère qu'il avait adorée... et toujours je le quittais plus ému et plus découragé... Il aimait peu à parler art. Parmi les modernes, il appréciait surtout les œuvres de Bracquemond. »

Un autre trait a été raconté à Bouvenne par Péquegnot, un ami de Meryon qui demeurait dans le quartier des Gobelins. Meryon venait fréquemment chez Péquegnot, il y apportait ses cuivres, il y gravait, il y faisait mordre, et restait volontiers à dîner. Il professait alors qu'il était honteux pour l'homme de céder à la nécessité de la nourriture et du sommeil, il ne se déshabillait pas, couchait debout contre un mur entre deux planches reliées par des cordes, selon le précepte de sa Loi lunaire. Péquegnot était donc heureux lorsque Meryon consentait à accepter un repas qui lui donnait quelque force, cela jusqu'au jour où il partit en colère et ne revint que plus tard, et de loin en loin. La raison était que M͏ᵐᵉ Péquegnot, faisant son ménage, avait jeté dehors un vieux collier de chien, mangé aux vers, que Meryon avait pris comme fétiche dans le réduit où il gravait ses eaux-fortes.

Un amateur, M. Wasset, qui avait connu Meryon vers 1868, contait aussi à Bouvenne comment Meryon portait dans un portefeuille les épreuves de ses gravures qu'il vendait 50 centimes et un franc. Il céda ainsi à M. Wasset des vues de Paris et s'obstina à lui refuser la vue de l'ancien Louvre en 1651, d'après Zeeman, qu'il avait exposée au Salon de 1866. Il affirmait que cette épreuve avait subi un lavage à la potasse pour détruire les noirs veloutés, il accusait les jésuites de ce méfait, et il répétait sans cesse à M. Wasset : « Il faut qu'elle soit détruite. » Enfin, il consentit à lui vendre (cinq francs) l'épreuve désirée, et il écrivait au bas ces lignes incohérentes :

« A Monsieur Wasset, employé au ministère de la Guerre, qui me fait l'honneur de recueillir quelques états de mes gravures.

« J'ai de très fortes raisons pour penser, la certitude même, que cette épreuve, lors de l'encadrement, a été soumise à quelques opérations secrètes, clandestines, quelque chose comme un lavage à la potasse ; et c'est à ce point de vue seulement qu'il peut y avoir intérêt à la conserver. Ce fait, de la nature de ceux qu'on ne tient guère à soupçonner, donnera une idée de ce que peuvent suggérer à ces gens, pour qui tous les moyens sont bons pour arriver plus sûrement à déconsidérer qui, pour telle cause que ce soit, les iniquités, la basse envie, le vil égoïsme et le fanatisme aveugle de l'esprit de parti. P., ce 27 août 1866, G. M. »

La phrase se perd dans la brume cérébrale où s'agitait l'esprit inquiet du malheureux Meryon.

Bouvenne ajoute que lorsque l'artiste venait voir M. Wasset pour lui vendre des épreuves (cinq francs pièce), il ne manquait jamais de le prier de regarder par la fenêtre pour savoir si des jésuites ne l'attendaient pas dans la rue.

LVI.   MERYON ET BRACQUEMOND. — RENTRÉE A CHARENTON. —
LONGUE LETTRE DIVAGANTE A BRACQUEMOND

De même, Meryon s'était lié avec Bracquemond dont il admirait le talent. De fait, ces deux artistes, ces deux hommes, étaient faits pour se rencontrer et pour s'entendre. Ce sont aujourd'hui les deux grands noms de la gravure du XIXᵉ siècle. Bracquemond, comme Meryon, avait la vision du réel et de l'étrange. Bracquemond, comme Meryon, aimait à souligner ses compositions par des vers de sa façon, comme il en a inscrit sur le *Haut d'un battant de porte*, sur *Margot la Critique*, sur le *Vieux Coq*. Bracquemond, comme Meryon, avait le goût des vieilles rues et des ciels tragiques : voyez ses compositions du « Siège de Paris ». Il y eut en eux de l'amitié vraie, et Bracquemond, plus jeune que Meryon, de dix-huit années, a vu en lui un maître qui n'a pas été sans exercer sur lui une influence. Il avait alors toute la confiance de Meryon et, lorsque celui-ci était absent, il avait le droit de prendre la clef du logis et d'attendre dans l'atelier de l'artiste. Celui-ci ne rentrant pas un jour, Bracquemond, pour laisser une marque de sa visite, crayonna un oiseau guettant une mouche. Meryon rentra, vit le dessin, resta accablé. Delâtre, son imprimeur, survint, lui demanda la raison de sa tristesse.

« Regardez cette image, lui répondit Meryon, — c'est celle de ma destinée. Je ne peux pas plus éviter les malheurs qui doivent fondre sur moi que cette mouche n'évitera le bec de ce moineau. C'est ma destinée ! »

Ses terreurs l'avaient ressaisi. Lorsqu'il refuse au peintre Hébert de graver une eau-forte pour la princesse Mathilde, qui voulait le faire décorer sur l'instigation du Père Enfantin, il déclare : « Tout cela, je le vois bien, c'est un prétexte pour me faire couper la tête. L'échafaud va se dresser, comme sous la Terreur. Si je les écoutais, je serai leur première victime. »

Sa méfiance s'exerça contre Foleÿ. Il ne vint plus le voir, lui fit réclamer un filet de pêche, son grand fusain de la « Mort du capitaine Marion », la « Vue de la baie d'Akaroa », et quatre dessins à la mine de plomb donnés à Mme Foleÿ. Le filet et les dessins lui furent rendus, mais Foleÿ garda le grand fusain qu'il avait acheté. Meryon vint voir ses amis une dernière fois, adjura Mme Foleÿ de partir pour l'Océanie, lui affirmant qu'il se préparait de tristes événements... le sang... la guillotine. Il pardonnait à Foleÿ : « Vous êtes un traître, mais j'oublie tout, car je vous ai bien aimé. » Foleÿ le reconduisit jusqu'au bas de l'escalier, remonta blême d'émotion.

Il arriva à Meryon d'aller au cimetière Montmartre déclamer parmi les tombes, engageant les passants à quitter Paris.

Son métier de graveur n'en était pas moins resté entier, impérieux, absolu, puisque c'est en 1866, dans le rez-de-chaussée de la rue Duperré, qu'il grava le *Prò volant* et l'*Ancien Louvre*, mais sa cervelle divagua complètement. Il devenait imprudent et criminel de le laisser livré à lui-même, capable d'attenter à ses jours. Ses amis, la mort dans l'âme, se résignèrent, le 12 octobre 1866, à le conduire encore à Charenton, d'où il ne devait plus sortir. Le certificat de vingt-quatre heures

174

constatait une lypémanie chronique avec hallucination des principaux
sens. « Là, dit Aglaüs Bouvenne, il dépérit, sa raison se perdit tout à
fait; rien ne pouvait distraire sa pensée, son regard était fixe, semblant
chercher toujours quelque chose à l'horizon; il ne pouvait se livrer à
aucun travail : l'essaya-t-il? Il écrivait de longs mémoires, ses idées ne
se suivaient plus; il crut être le Christ. Enfin, l'infortuné se laissa
mourir de faim, disant qu'il ne devait pas prendre de nourriture, qu'il
devait se sacrifier pour les malheureux. »

S'il ne dessine ni ne grave, il écrit, il écrit des lettres, à ses amis du
dehors, aux employés de l'administration de l'asile. Celle-ci, adressée
à Bracquemond, prolixe et délirante dans la tranquillité du déraison-
nement et de la tristesse, inscrit par des mots et des phrases tous les
méandres de sa pensée perdue aux vagues régions de l'inconscient :

> « A Monsieur, F. Bracquemond, graveur-peintre. Maison de Santé
> impériale de Charenton-le-Pont, 21 mars 1867.

> « Monsieur,

« Quelque regret que j'en éprouve, car récemment encore depuis
que je suis ici, j'ai été heureux de pouvoir recourir à cette abnégation,
à cette facilité avec laquelle vous venez en aide à vos amis dans l'infor-
tune, mais prenant le parti de ne plus solliciter de vous, en aucun cas,
que vous m'assistiez davantage, j'ai voulu vous adresser cette dernière
lettre pour vous dire avec entière sincérité dans quelles dispositions
d'esprit je suis maintenant à votre égard. Sur le point cependant,
comme j'ai de très fortes raisons pour l'espérer, de rentrer dans la vie
libre, après avoir fait quelques premières démarches dès le commencement du mois dernier auprès des médecins, j'ai écrit une assez
longue lettre à M. le Directeur, pour être rendu à la liberté, ayant
recouvré suffisamment mes forces pour cela, et de très sérieuses causes
à mon sens le demandant.

« Il y a peu de temps, dimanche 28 du mois dernier, je reçus la
visite de M. Ithall, mouleur du Jardin des Plantes, qui, comme je vous
l'ai dit dans ma dernière lettre, était déjà venu me voir une fois
quelque temps après la première visite que vous m'aviez faite vous-
même. Or, quoique je ne vois en cette circonstance un avis indiscret

RAJON SC.

F. BRACQUEMOND

d'où je puisse tirer quelque induction précise sur votre manière d'être envers moi, je dois vous dire, dans cette nécessité où nous sommes de nous expliquer clairement, après cette lettre si sincère que je vous ai écrite en date du 30 décembre, après ces communications des plus confidentielles que je vous ai faites lors de vos trois visites ici, tenant compte de ce long laps de temps que vous laissâtes s'écouler sans y répondre par écrit, éludant par là cette condition que je devais rationnellement désirer de formuler nettement cette détermination que je vous exhortais à prendre, je suis autorisé à conclure, dis-je, *que vous n'êtes des nôtres*, ce que je regrette certes vivement, par ces deux causes : que, d'une part, je vous regardais comme un homme remarquable en tant qu'artiste ; et, d'une autre, comme doué d'assez de bon sens naturel, de clairvoyance, d'esprit d'indépendance, de sage libéralisme d'idée, de cette force de caractère nécessaire, d'assez belles et solides qualités pour qu'on pût attendre aide efficace de votre coopération, dans cette lutte de théories philosophiques sociales appliquées qui s'effectue maintenant, pour atteindre enfin le but qu'on doit se proposer, dans cette situation tout à fait exceptionnelle où nous sommes. Peut-être aussi n'avez-vous pas été placé dans ces circonstances assez favorables pour profiter de ces avantages, non plus que vous n'avez joui de la liberté suffisante ; de sorte qu'il est plus concevable que vous vous soyez mépris sur la voie que vous aviez à suivre ; mais, répétai-je, il y a nécessité que scission s'effectue entre nous ; cette résolution prise de commun accord, devant être préférable pour nous à toute demi-mesure qui nous ferait fausser nos sentiments, toujours prédisposé que je serais à prendre le change sur votre manière d'être envers moi ; et vous, croyant pouvoir, sans vous rendre compte des graves dommages qui résulteront pour vous de ne vous être arrêté au parti pris le plus courageux, de prolonger plus longtemps ces trompeuses relations, faute d'avoir assez sérieusement réfléchi, trop confiant en vos propres forces, vous avez cru pouvoir pactiser en tout avantage avec certaines gens de ce parti hautain, sceptique, mécréant, pensant de la sorte mieux assurer votre existence à venir ; ne voyant pas que, si faible que je sois, je me trouvais aussi appuyé de puissants protecteurs, vous avez fait un peu trop bon marché de moi, de ces mesures que je vous recommandais si fort, du rôle qu'une destinée particulière m'a attribué ; et trop insoucieux ainsi, vous avez fondé vos espérances sur les doux rêves de votre imagination. Que si j'en viens à spécifier quelques récriminations que vous me faites, ne puis-je citer entre autres celle-ci, quoique je ne saisisse pas bien ce que cela peut signifier et quelque futile qu'elle puisse paraître, que vous dites souvent que je vous ai pris votre sommeil ? Oui, en effet, j'ai fait deux ou trois fois vers vous des démarches matinales, et tout en vous demandant l'assistance dont j'avais besoin, me proposant de vous rendre service pour service, j'insistais auprès de vous pour que vous adoptiez ces sages mesures, que je sais par expérience si salutaires, et certes, je ne me serais fait moindrement scrupule de vous éveiller de meilleure heure, si j'eusse pu, par ces exhortations, fixer votre attention comme j'y avais compté, mais comme tant d'autres vous avez méconnu mes affectueuses intentions, vous avez dédaigné, hélas ! ces conseils, ne voyant en moi qu'un importun, un concurrent fâcheux, tandis que j'étais réellement votre ami et que les circonstances eussent pu me mettre à même plus tard de répondre à ces marques de sympathie positives pour moi, par le fait, puisqu'elles me procurèrent un peu de numéraire dont j'avais si grand besoin que vous me donniez ; préoccupé surtout, il m'a bien fallu malheureusement depuis le soupçonner, des moyens les moins blessants et pénibles pour moi, de vous débarrasser de ma personne, peut-être qu'à votre place j'eusse subi de pareilles influences. Me rappelant même avoir été accessible, jadis, à votre sujet ; mais en tout cas n'est-ce chose regrettable qu'il faut savoir vaincre, dont il faut chercher à avoir raison ? en une autre circonstance, comme il me semble vous en avoir parlé déjà, sur quelques observations justes, essentiellement préventives, que je me permis sur une de vos œuvres, n'avez-vous parlé d'intention de vengeance ? n'avez-vous donc, monsieur, assez conscience de vos forces réelles pour savoir prendre ces admonestations amicales, sans vous en offenser ? Ne vous était-il arrivé quelquefois de penser, comme moi, que, sur notre bon vouloir, nos œuvres effectuées, celles que nous pouvions réaliser encore, le sort nous devenant plus favorable, nous pouvions tous deux trouver contentement intérêt dans une fréquentation plus suivie nous entretenant de notre art ? Mais non ? de notre commun état ? L'esprit de parti ; cette jalousie de métier qui nous fait ne vouloir admettre comme confrère tel qui n'a dès le jeune âge hanté les mêmes écoles, suivi que tard ses inclinations, manifesté ses conceptions, quelqu'intérêt que puissent promettre ses travaux projetés, quelques titres qu'il se soit acquis par ceux exécutés, à la libre pratique de cet état adoptif, ces nuisibles influences, dis-je, vous ont aussi dominé et m'ayant accepté temporairement jusqu'ici que dans l'attente de me voir dans un temps proche et pour jamais écarté de la lice, fâcheuses conséquences d'une organisation sociale vicieuse, incomplète, d'idées fausses, préconçues, qui font que pour la plupart d'entre nous la vie se passe dans un état de guerre permanente, dans les préoccupations, l'inquiétude, les peines de tous genres, dépensant à chercher à nous nuire les uns aux autres, notre temps, nos forces, nos facultés, au lieu de les faire servir à notre bien-être propre et au bien général. Mais enfin, après avoir fait en ces derniers temps tout ce que votre sûreté à venir me paraissait réclamer, abordant la question brusquement, parce que je sentais qu'il n'y avait de temps à perdre, et mettant cette insistance que la sympathie naturelle que j'éprouvais pour vous, l'intérêt que je vous portais, me faisait regarder comme urgente; n'ayant pu avoir raison, à mon grand regret, de votre obstination, au moins de votre indifférence inconsidérée, je dois forcément y renoncer. Oui, déçu de cet espoir que je gardais longtemps encore que vous répondriez à ma confiance, à ces confidences extrêmes que je vous fis, sans aucunes restrictions. Comme je ne l'ai fait jusqu'ici pour personne touchant des faits qu'on pouvait regarder comme d'une importance capitale, vous ne le sauriez contester, je vous ai vu persister imperturbablement dans cette voie où vous vous êtes aventuré, car vous n'avez rien fait pour me prouver, par l'adoption de ces mesures que je vous avais recommandées si indubitablement en vue de votre salut, que vous vous rendiez à mes exhortations, à mes remontrances, en mettant de côté tout vain amour-propre, abjurant résolument ces opinions dont vous n'avez d'abord compris la fausseté et le danger; je dois donc aussi moi, quelques regrets que j'en éprouve, prendre enfin la détermination de me séparer de vous, me conformant par là à ce que vous aurez voulu vous même, sachant accepter les conséquences de cette scission obligatoire, telle que la privation de ces ressources, comme celles dont vous me fîtes récemment bénéficier, par le placement de mes œuvres, l'éloge que je suppose que vous avez bien voulu en faire et autres avantages que j'eusse trouvé dans nos relations. Oui, dis-je! vous vous en êtes trop reposé sur l'Art, objet de vos pensées, de votre affection. Quelque digne que vous fussiez d'être un de ses élus, vous vous êtes mépris, vous avez mal jugé de sa puissance, car il ne prête ses inspirations vivifiantes qu'à ceux qui, aux jours adverses, ont su s'armer de courage et de la force d'âme nécessaires pour le servir avec entier dévouement, en supportant ses rigueurs, pour avoir plus tard droit à ses bienfaits. A cette même occasion, que je dise le peu que je sais de M. Hédouin, qui ne me connaît non plus, suivant toute probabilité, que vaguement, m'a laissé espérer qu'il a pu juger autrement la situation, et n'a pas sur mon compte les mêmes opinions que vous; de sorte que sans que j'attende qu'il prenne davantage souci de mes intérêts par ses obligeants procédés du genre de ceux que je viens de dire; je me plairai à voir en lui un de ces hommes qui ont approuvé certains de mes actes, ayant cette même manière de voir, ces mêmes sentiments, qui m'ont fait jusqu'ici soutenir la lutte avec autant de persévérance, dans l'espoir d'arriver au bien, lui exprimant ici ma reconnaissance pour ces dits bons procédés, et regrettant que les circonstances ne me permettent de la lui témoigner actuellement d'une façon plus positive. Après ma lettre du 30 décembre, la conversation que j'ai eue encore avec vous lors de cette dernière visite, et ce que je vous dis ici, je n'aurai aucun reproche à me faire, n'ayant rien négligé pour chercher à vous préserver du mal que je redoutais pour vous, et je puis, par conséquent, m'en tenir là, et il ne me restera plus qu'à attendre que le temps, les faits à venir viennent donner raison à celui de nous qui aura prévu les choses avec le plus de justesse; car vous admettrez bien que j'aie aussi ma susceptibilité, et que le cas est assez sérieux et pressant pour prendre ce parti définitif, et encore répéterai-je : puis-je être de bonne foi, raisonnablement satisfait de votre manière d'être avec moi, le seul cas excepté où nos communications auraient été entravées, où des ennemis vous auraient tenu dans l'impossibilité matérielle de suivre, contre votre gré, ce que vous prescrivaient votre propre salut et la raison. Mais vous étiez assez libre encore pour, avec de la volonté, de l'énergie, un courage persistant, vous débarrasser de ces entraves. Adieu donc ! Puisse le destin ne pas vous être trop adverse !

« Et agréez, avec mes remerciements, les vœux que je fais pour que séparés, le souvenir de mes avis sincères et désintéressés vous soient encore, s'il se peut, de quelque utilité.

« Celui qui fut votre ami sincère et dévoué dans le vrai et dans le droit,

« C. MERYON.

« Meryon Charles, Eaufortier, ex-marin. »

A travers toutes ces broussailles d'adverbes, de répétitions, de pensées lentes et inachevées, et la personnalité de Bracquemond mise en dehors de ce débat confus, apparaissent des idées justes exprimées péniblement, qu'il faut tirer hors de ce dédale de phrases étouffantes. Il est certain que Meryon se débattait contre les difficultés premières de la vie, qu'il avait la notion du sort de l'artiste qui ne peut pas vivre de son art, qu'il sentait la nécessité de s'unir à ses pareils et en même temps que de l'impuissance individuelle, il se rendait compte confusément de l'impossibilité de réunir les efforts particuliers en une action commune. Et ne dit-il pas à Bracquemond une vérité qui a dominé toute la vie de celui-ci, lorsqu'il lui adresse cette apostrophe : « Oui, dis-je ! vous vous en êtes trop reposé sur l'Art, objet de votre pensée et de votre affection. » Pour qui a connu Bracquemond, absorbé toute sa vie par la hantise de l'art, la parole de Meryon prend figure de prophétie.

Il écrit d'une toute autre manière à M. Martin, secrétaire d'administration de la maison de Charenton, le 22 août 1867. Il expose sa situation, établit son *curriculum vitæ*, il réclame, il plaide, il veut sortir de l'asile, retrouver l'air et la liberté du dehors :

« J'ai servi activement sur les navires de l'État pendant sept années consécutives, après quoi j'ai pris l'état de graveur, où j'ai fait d'assez nombreuses œuvres qui me sont entièrement personnelles, j'ai actuellement même un album gravé ayant trait à un voyage important en cours d'exécution. J'ai plus de quarante ans ; je ne suis lié par aucun engagement avec qui que ce soit ; je ne suis sous le coup d'aucune condamnation qui puisse légitimer ma détention surtout en cette présente maison, qui a toute autre destination spéciale dont les règlements seraient sans doute en ma faveur ; je suis, ai-je dit, indépendant ; je dispose suffisamment de toutes mes facultés pour gagner ma vie, quel juste motif pourrait-on donc donner pour me priver plus longtemps de ma liberté, pour que satisfaction me soit accordée ?

« Je suis votre bien dévoué

« C. MERYON.

« Meryon Charles, graveur,
« domicile en dernier lieu, rue Duperré, 20. »

Bouvenne, qui a publié cette lettre, ajoute : « L'écriture est ferme, la signature lisible, le paraphe hardi ; rien ne trahit dans l'aspect de cette lettre les divagations qu'elle contient. » A vrai dire, il n'y a pas ici de divagations, tout est net et bref, seul est exprimé le désir de quitter l'asile.

LVII. — MORT DE MERYON. — MÉDITATIONS DE BURTY. — PAROLES DE SALICIS

Il refuse toute nourriture, se laisse mourir de faim. Le 13 février 1868, il achève sa triste et glorieuse existence. Il n'a pas encore quarante-sept ans, Burty décrit ainsi le cadavre de Meryon :

« Meryon est mort le 13 février 1868. Je l'ai vu dans sa bière. On eût dit une de ces figures en cire que les artistes de notre Moyen-âge français moulaient sur le vif, retouchaient et plaçaient sur le catafalque des chapelles ardentes. Son front carré et proéminent semblait avoir été poussé en avant par l'incessant bouillonnement du cerveau. Sa bouche large et serrée exprimait cette volonté sans distractions, sans fatigues, qui est la dominante de la partie technique de son œuvre. Ses yeux bruns n'étaient point clos ; mais, grands ouverts, à demi-éteints, ils cherchaient avec une attention soucieuse et passionnée, quelque chose, un point inconnu. Tel doit être le regard d'un marin, lorsque le vaisseau s'enfonce et qu'il se demande vers quels rivages suprêmes les vagues, dans quelques instants, pousseront sa dépouille. »

Au cimetière de Charenton-Saint-Maurice, le 15 févier 1868, le commandant de Salicis, devant la fosse où vient de s'enfouir le cercueil de Meryon, prononce ces nobles et émouvantes paroles :

« L'éminent artiste vient terminer sa première existence là, dans cette froide fosse; pour nos yeux, il n'est déjà plus; mais dès à présent, il prend sa place dans l'histoire de l'Art. Rien, en effet, ne lui a manqué de ce qui fait les illustres, la souffrance pas plus que le talent. Dominé, poussé par le Dieu caché, Meryon lui a tout sacrifié : visions de jeunesse, carrière enviée, patrimoine, santé, raison; tout, ai-je dit, oui, tout! excepté la probité, l'honneur de l'âme... Au fond de cette pauvre barque agitée, à tout instant submergée et courant au naufrage, chantait un oiseau blanc : la Conscience. Cessons donc aujourd'hui de plaindre celui qui s'est appelé Meryon dans la misère; il se nommera Meryon dans la célébrité, dès que la meilleure part de lui-même aura repris sa place dans l'éternelle et sereine lumière. Que si, comme toute créature, il portait fatalement en soi quelque trait de l'imperfection humaine, la vie aura été pour lui, plus que pour personne, le temps des rudes épreuves. Toute expiation est certainement d'avance accomplie, et dans le monde inconnu d'au-delà, le moindre des bonheurs qui le puissent attendre sera celui qu'il a toujours envié sans le trouver jamais : le repos... »

Salicis, qui était resté son compagnon et son ami depuis leur voyage à bord du *Rhin*, après avoir veillé sur son heure dernière, et lui avoir rendu les derniers honneurs, fit venir de Bretagne une pierre noire, qui fut taillée en table et posée sur quatre dés de pierre blanche. Bracquemond grava sur une lame de cuivre de 118 centimètres de haut sur 22 centi-

Plaque pour le tombeau de Meryon, gravée par Bracquemond

mètres de large qui fut encastrée sur la pierre noire, une allégorie funèbre. En haut, une tête de mort; au-dessous, deux flambeaux éteints qui fument. Cette inscription : *Charles Meryon, né le 23 novembre 1821, mort le 14 février 1868, officier de marine, peintre-graveur.* Au milieu, une branche de laurier dont les feuilles portent un burin, un crayon, un écrou, un flacon, les instruments du métier d'aquafortiste. Au bas, les armes de la Ville de Paris, telles que Meryon les avait inventées

LE TOMBEAU DE MERYON A SAINT-MAURICE. (Dessin de Laborde)

et dessinées : le vaisseau de la Ville, la proue fendant les flots, la voile gonflée, les rames étendues. On tira deux épreuves du cuivre mortuaire, l'une pour Salicis, l'autre pour Bracquemond, qui la donna plus tard à Burty.

Le cuivre a été depuis à demi arraché par quelque main voleuse. Il a fallu l'enlever, la tombe est nue, sans un nom, sans une date. La Ville de Paris se devrait de la rééditier, de donner le nom de Meryon à une place de la ville, devant Notre-Dame! Mais quoi que l'on fasse, l'œuvre reste par ces feuilles de papier immortelles, plus durables que la Ville, si l'abri des collections et les soins des collectionneurs leur sont favorables.

184

Par ces feuilles, le génie de ce solitaire tourmenté subsiste, avec
sa simplicité farouche, sa science implacable, sa maîtrise si vite conquise, ses constructions massives, sa lumière étrange. Cette lumière
s'oppose partout aux noirceurs légères qui soulignent les détails de
la pierre, aux noirs profonds qui creusent leurs trous d'ombre opaque
aux flancs des quais, sous les arches des ponts, aux façades des
maisons. Là, par ces noirs, est le mystère du mystérieux Meryon. Ces
creusements au ras de l'eau, parmi les pierres des quais, ces ouvertures des fenêtres pressées des vieilles et hautes bâtisses qui semblent
branlantes de vétusté, appuyées les unes contre les autres, et que
Meryon a solidifiées pour toujours, du tracé de sa pointe, — c'est
l'évocation de la vie cachée, de l'humanité secrète. Il y a des passants
sur la berge, au long des quais, par les carrefours et les rues. Parfois,
comme pour la « Morgue », une foule ardente et curieuse se presse,
mais qu'est cela en comparaison de toute la vie évoquée par ces
sombres alvéoles des ruches parisiennes? Quels butins s'y rassemblent? quelles passions s'y assouvissent? quelles lassitudes s'y abandonnent? Contemplez les maisons du Petit-Pont, de la Morgue, de
la Rue des Mauvais-Garçons, de la Rue de la Tixeranderie, du Stryge,
du Pont-Neuf, de la Rue Pirouette, de la Rue de l'École-de-Médecine,
de la Rue des Chantres, du Ministère de la Marine, et toutes les
maisons qui se penchent vers les ponts massifs, les quais rigides, les
eaux noires du fleuve, toujours vous évoquerez, au fond des trous,
au fond des chambres, du rez-de-chaussée au septième étage, toute la
vie abritée des capitales, toute la force vivante de l'invisible. Baudelaire a célébré, en une pièce de vers des *Fleurs du mal*, le paysage de
pierre sans verdure, sans autre vie que celle des lignes et des volumes.
Ce n'est pas le paysage de ville construit par Meryon. Celui-ci a
rassemblé les matériaux et bâti les maisons, mais par les signes certains de l'habitation, par l'expression soucieuse des visages de pierre,
par la vieillesse des logis ouverts sur l'espace et le temps, il a suggéré,
parce qu'il était un visionnaire des choses cachées, une humanité

vivant sans cesse sa vie temporaire dans un décor qui semble éternel. Cette humanité absente, nos yeux la devinent, notre esprit l'évoque. Meryon l'a enfermée dans ses eaux-fortes, a scellé sur elle encore vivante et souffrante, la pierre du tombeau.

Ce qui donne aussi à ces œuvres sans pareilles leur caractère immobile d'éternité, c'est que le présent y est le décor du passé, c'est que les siècles pèsent, comme les nuées du ciel, sur le sommet des flèches, les toits sans nombre, les parapets, les ponts, les berges de la ville riveraine, la capitale née dans l'île et qui s'est agrandie aux montées des collines. De la tour Saint-Jacques à la tour Clovis, de Saint-Étienne-du-Mont à Notre-Dame, du Palais-de-Justice au Ministère de la Marine, c'est la même évocation des forces d'hier encore en puissance sous les aspects d'aujourd'hui. Il y a une accumulation d'énergies périmées et encore respirantes sous la fatalité tranquille des aspects fixés par Meryon.

Il a fallu, pour définir ce singulier génie, dire la faiblesse de l'homme en proie aux délires. De ses manies, de ses hallucinations, de ses troubles nerveux, de ses divagations de pensée et de parole, de ses terreurs, de sa fièvre, de sa folie, s'élève la Ville ancienne et sculptée, les logis hantés, les campaniles projetés dans l'éther, les flèches aiguës qui transpercent les nuages, que Meryon a vus de ses yeux clairs, sans l'obscurcissement de sa rêverie mentale. Un jour, par un nouveau coup de génie, il semble voir sa destinée, c'est le seul jour où il demande son aide à la couleur, le jour où il lance, toutes voiles dehors, le Vaisseau-Fantôme sur les houles de la mer et de la vie.

Meryon ne sort pas diminué de cette confrontation de son esprit malade et de son œuvre douée de vie immortelle. Comme tous ceux qui l'ont connu, on va vers lui et on lui reste attaché par la sympathie qui naît en nous devant les êtres rares. On dit l'adieu du regret à ce poète du rêve, évocateur des maisons moroses, des tours altières, des eaux clapotantes, des ciels chagrins, des oiseaux funèbres.

La Trinité-sur-Mer, juillet 1925.　　　　　　　　　　*Paris, 1926.*

TOMBEAU DE MERYON

CATALOGUE COMPLET

DE

L'ŒUVRE DE CHARLES MERYON

12 GRAVURES DE REPRODUCTION

1. *La Sainte Face*. Premier essai d'eau-forte de Meryon. Copie d'une miniature de Mlle Élise Bruyère, d'après Philippe de Champaigne (1849). Une seule épreuve connue.

Cuivre détruit.

2. *La Vache et l'Anon*. Copie d'une eau-forte de Loutherbourg (1849). 2 états.

Cuivre détruit.

3. *Soldat de profil*. Copie d'une eau-forte de Salvator Rosa (1849). 2 états.

Cuivre détruit.

4. — *Soldat de face*. Copie d'une eau-forte de Salvator Rosa (1849). De toute rareté.

Cuivre détruit.

5. — *Le Mouton et les Mouches*. Copie d'une eau-forte de Karel Du Jardin (1849). Une seule épreuve connue.

Cuivre détruit.

6. *Les Trois Cochons couchés devant l'étable*. Copie d'une eau-forte de Karel Du Jardin (1850). 2 états.

Cuivre détruit.

7. — *Les Deux Chevaux*. Copie d'une eau-forte de Karel Du Jardin (1850). Eau-forte tirée à peu d'épreuves.

Cuivre détruit.

8. *La Brebis et les Deux Agneaux*. Copie d'une eau-forte d'Adrien Van de Velde (1850?). 2 états.

Le cuivre existe.

9. *Le Pavillon de Mademoiselle et une partie du Louvre*. Copie d'une eau-forte de R. Zeeman (1849). 3 états.

Le cuivre existe.

10. — *Entrée du Faubourg Saint-Marceau, à Paris*. Copie d'une eau-forte de R. Zeeman (1850). 2 états.

Le cuivre existe.

11. — *Un Moulin à eau près de Saint-Denis*. Copie d'une eau-forte de R. Zeeman (1850). 2 états.

Cuivre détruit.

12. — *La rivière de Seine et l'angle du Mail, à Paris*. Copie d'une eau-forte de R. Zeeman (1850). 2 états.

Cuivre détruit.

13. — *Galiot de Jean de Vgl de Rotterdam*. Copie d'une eau-forte de R. Zeeman (1850). 3 états.

Cuivre détruit.

14. — *Bateaux de Harlem à Amsterdam*. Copie d'une eau-forte de R. Zeeman (1850). 4 états.

Le cuivre existe.

15. — *Pêcheurs de la mer du Sud*. Copie d'une eau-forte de R. Zeeman (1850). 2 états.

Le cuivre existe.

16. — *Passagers de Calais à Flessingue*. Copie d'une eau-forte de R. Zeeman (1850). 2 états.

17. — *Portrait d'Eugène Bléry*, d'après un dessin d'E. Buttura (1849-1850). Une seule épreuve, déchirée par Mme Bléry.

Cuivre détruit.

18. *Plan du Combat de Sinope*, d'après le dessin d'un officier du navire anglais *Retribution* (1853). 2 états.

Cuivre détruit.

19. — *Entrée du Couvent des Capucins, à Athènes*, d'après la gravure de Ph. Le Bas, dans les « Ruines des plus beaux Monuments de la Grèce », par l'architecte Le Roy, 1758 (1854). 3 états.

Cuivre détruit.

20. — *Le Pont-Neuf et la Samaritaine de dessous la 1re arche du Pont-au-Change*, d'après un dessin de Nicolle (1855). 4 états.

Cuivre détruit.

21. — *Le Pont-au-Change vers 1784*, d'après un dessin de Nicolle (1855). 5 états.

Cuivre détruit.

22. — *La Salle des Pas-Perdus à l'ancien Palais-de-Justice*, d'après une gravure de Ducerceau (1855). 4 états.

Cuivre détruit.

23. *Château de Chenonceau* (1re planche), d'après J. Androuet du Cerceau (1856). 3 états.

Cuivre détruit.

24. — *Château de Chenonceau* (2me planche), d'après J. Androuet du Cerceau (1856). 3 états.

Cuivre détruit.

25. — *Portrait de Casimir Le Conte*, d'après un dessin de G. Boulanger (1856). 2 états.

Le cuivre existe.

26. — *Ruines du château de Pierrefonds*, d'après un croquis de Viollet-le-Duc (1858). 2 états.

Cuivre détruit.

27. — *Chevet de Saint-Martin-sur-Renelle*, d'après P. Langlois (1860). 3 états.

28. — *Présentation du « Valère Maxime » au roi Louis XI*, d'après une miniature (1860). 4 états.

Le cuivre existe.

29. *Rue Pirouette, aux Halles*, d'après un dessin de Laurence, très modifié par la gravure de Meryon (1860). 6 états.

Le cuivre existe.

30. *Passerelle du Pont-au-Change après l'incendie de 1621*, d'après un dessin du temps (1860). 7 états.

31. — *Partie de la Cité vers la fin du dix-septième siècle*, d'après un dessin du temps (1861). 8 états.

Cuivre détruit.

32. *Le Grand-Châtelet vers 1780*, d'après un dessin du temps (1861). 3 états.

Cuivre détruit.

33. *Portrait d'Évariste Boulay-Paty, pour le recueil de ses poésies*, d'après un médaillon de David d'Angers (1861). 3 états.

Cuivre détruit.

34. — *Portrait de François Viète*, d'après un frontispice d'un ouvrage de mathématiques de Viète (1861). 8 états.

Cuivre détruit (?)

(Ce portrait, et les sept portraits suivants, ont paru dans *Poitou et Vendée*, publication de Benjamin Fillon et O. de Rochebrune.)

35. *Portrait de René de Burdigale, seigneur de Laudonnière*, d'après une gravure originale de Crispins de Pas (1861). 4 états.

36. — *Portrait de Pierre Nivelle*, d'après une gravure de Michel Lasne (1861). 6 états.

37. — *Portrait de Jean Besly*, d'après Jaspar Isac (1861). 4 états.

38. *Portrait de L.-J.-Marie Bizeul*, d'après un document non indiqué (1861). 5 états.

39.   *Portrait de Th. Agrippa d'Aubigné*, d'après une lithographie de Jules Hébert (1862). 4 états.

40. — *Portrait de Benjamin Fillon*, d'après une photographie (1862). 5 états.

41.   *Portrait d'Armand Guéraud*, d'après un document non indiqué (1862). 2 états.
Cuivre détruit.

42.   *L'Ancien Louvre*, d'après une peinture de Zeeman (1866). 6 états.
Le cuivre existe à la Chalcographie du Louvre.

EAUX-FORTES ORIGINALES

43. — *Meryon assis devant son chevalet.*
Date inconnue : un des premiers essais de gravure de Meryon. Pas d'épreuve connue : gravure signalée par Burty.
Cuivre détruit.

44.   *Portrait d'Edmond de Courtives* (1819).
Cuivre détruit.

45.   *Tête de chien de la Nouvelle-Hollande* (1850). 2 états.
Cuivre détruit.

46. — *Titre des Eaux-fortes sur Paris*, sur la première livraison : « Eaux-fortes sur Paris, par Meryon » (1852).
Cuivre détruit.

47.   *Le Petit-Pont* (1850). 6 états.
Cuivre détruit.

48.   *Saint-Étienne-du-Mont* (1852). 8 états.
Cuivre détruit.

49.   *La Pompe Notre-Dame* (1852). 9 états.
Cuivre détruit.

50.   *La Tour de l'Horloge* (1852). 8 états.
Cuivre détruit.

51.   *Tourelle de la rue de la Tixeranderie* (1852). 3 états.
Cuivre détruit.

52. — *Le Pont-Neuf* (1853). 9 états.
Cuivre détruit.

53.   *Le Stryge* (1853). 8 états.
Cuivre détruit.

54. — *La Galerie Notre-Dame* (1853). 5 états.
Cuivre détruit.

55.   *L'Arche du Pont Notre-Dame* (1853). 6 états.
Cuivre détruit.

56.   *Ancienne Porte du Palais-de-Justice* (1854). 3 états. (Le 1er état sur le même cuivre que le *Tombeau de Molière*.)
Cuivre détruit.

57. « *Qu'âme pure gémisse.* » Pièce de vers destinée à accompagner l'*Ancienne Porte du Palais-de-Justice* (1854). 2 états.

Cuivre détruit.

58. — *Armes symboliques de la Ville de Paris* (1854). 3 états.

Cuivre détruit.

59. « *Fluctuat nec mergitur* ». Aspect définitif des armes symboliques de la Ville de Paris (1854).

Cuivre détruit.

60. *La Rue des Mauvais-Garçons* (1854). 3 états.

Cuivre détruit.

61. *La Petite Pompe* (1854). 2 états.

Cuivre détruit.

62. — *Le Pont-au-Change* (1854). 11 états.

Cuivre détruit.

63. — « *L'Espérance* ». Poésie destinée à accompagner le *Pont-au-Change* (1854). 2 états.

Cuivre détruit.

64. — *La Morgue* (1854). 7 états.

Cuivre détruit.

65. « *L'Hôtellerie de la Mort* ». Poésie destinée à accompagner la *Morgue* (1854).

Cuivre détruit.

66. *L'Abside de Notre-Dame de Paris* (1854). 8 états.

Cuivre détruit.

67. — « *O Toi dégustateur !* » Poésie destinée à accompagner l'*Abside de Notre-Dame* (1854). 8 états.

Cuivre détruit.

68. — *Tombeau de Molière au Père-Lachaise* (1854). 2 états.

Le cuivre existe.

69. — *Porte d'un ancien couvent, rue Mirebeau, à Bourges* (1851). 2 états.

Cuivre détruit.

70. — *Rue des Toiles, à Bourges* (1853). 7 états.

Le cuivre existe.

71. — *Ancienne habitation, à Bourges, dite la « Maison du Musicien »* (1860). 5 états.

Cuivre détruit.

72. *Dédicace à Regnier Nooms, dit Zeeman* (1854).

Cuivre détruit.

73. — *Vers à Eugène Bléry.* 1re planche, demeurée inédite, de toute rareté ; 2me planche, publiée, rare (1854).

Cuivres détruits.

74. *La Loi Solaire* (1855).

Cuivre détruit.

192

75. — *La Loi Lunaire.* 1re planche (1856). 2 états.

Cuivre détruit.

76. *Adresse de Rochoux* 1856?). 4 états. 2 planches.

Les cuivres existent (?)

77. — « *Le Pilote de Tonga.* » Chanson en prose gravée et ornée d'un encadrement (1856). 2 états.

Cuivre détruit.

78. — *San Francisco,* d'après des documents de daguerréotype (1856). 4 états.

Le cuivre existe.

79. — *Le Malingre cryptogame* (1860). 4 états.

Cuivre détruit.

80. — *Tourelle rue de l'École-de-Médecine* (1861). 10 états.

Le cuivre existe.

81. — *Rue des Chantres* (1862). 4 états.

Cuivre détruit.

82. *Projet d'encadrement pour le portrait d'Armand Guéraud* (1862). 9 états.

Le cuivre existe.

83. — *Presqu'île de Banks, pointe des Charbonniers. Akaroa* (1863). 5 états.

Cuivre détruit.

84. *Nouvelle-Calédonie : Grande case indigène sur le chemin de Ballade à Poepo* (1863). 5 états.

Le cuivre existe.

85. *Océanie : Pêche aux palmes* (1863). 4 états.

Cuivre détruit.

86. *Rébus : Ci-gît la vendetta surannée* (1863). 2 états.

Cuivre détruit.

87. — *Rébus : Béranger ne fut véritablement fort, car il n'eut jamais la clef des champs* (1863). 3 états.

Cuivre détruit.

88. *Rébus : Petit prince Dito* (1864). 2 états.

Cuivre détruit.

89. *Collège Henri-IV* 1864). 8 états.

Cuivre détruit.

90. — *Bain froid Chevrier* (1864). 6 états.

Le cuivre existe (à la Bibliothèque nationale).

91. *Le Ministère de la Marine* 1865). 6 états.

Le cuivre existe

92. — *Greniers indigènes à Akaroa* (1865). 4 états.

Cuivre détruit.

93. — *État de la petite colonie française d'Akaroa* (1865). 5 états.

Cuivre détruit (?)

94. — *La Chaumière du Colon* (1866). 3 états.

        Cuivre détruit (?)

95. — *Pro volant des Iles Mulgraves* (1866). 5 états.

96. — *Couverture du voyage à la Nouvelle-Zélande, accompli de 1842 à 1846* (1866). 4 états.

97. — *Frontispice pour le Catalogue de Th. de Leu* (1866). 6 états.

        Le cuivre existe, croit-on.

98. — *La Loi Lunaire.* 2me planche (1866). 4 états.

        Cuivre détruit.

99. — *Rébus : Non. Morny n'est pas mort, car il noce encore* (1866). 3 états.

        Cuivre détruit.

100. — *L'Attelage.* Pièce de vers (sans date connue).

101. — *Projet de billet d'action (d'une pseudo compagnie franco-californienne).* Essai de gravure en relief (sans date connue).

102. — *Second projet de billet d'action.*

DESSINS ORIGINAUX

La Mort de Marion Dufrène. (Appartient à M. Charles Foleÿ.)

Toma-Kéké (chef de tribu de la Nouvelle-Zélande), d'après nature. (Appartient à M. Charles Foleÿ.)

Le lieutenant de vaisseau A.-E. Foleÿ (croquis). Mine de plomb.

Croquis de M. Guérin (élève de 1re classe). Mine de plomb.

PASTELS

Un Anthropophage (Papou australien oriental d'après nature. (Appartient à M. Charles Foleÿ.)

Épave (signé des initiales ; vendu à l'hôtel Drouot, 11 février 1921, par Loys Delteil, au Musée du Louvre.)

DESSINS AU CRAYON, A LA PLUME, FUSAINS ET PASTELS

Étude au crayon du Vaisseau symbolique des *Armes de la Ville de Paris.* (Collection Curtis.)

Dessin à la plume de *Fluctuat nec mergitur.* (Collection Garnier. Ancienne collection Seymour-Haden.)

194

Deux dessins pour le *Stryge*. (Collection Macgeorge.)
Dessin du *Petit-Pont*. (Collection Macgeorge.)
Dessin de l'*Arche du Pont Notre-Dame*. Collection Macgeorge.
Dessin de la *Galerie Notre-Dame*. (Collection Macgeorge.)
Dessin à la mine de plomb de la *Rue des Mauvais-Garçons*. (Collection Curtis.)
Deux dessins de la *Tour de l'Horloge*. (Collection Macgeorge.)
Dessin de la *Tourelle de la rue de la Tixeranderie*. (Collection Macgeorge.)
Trois dessins de la *Pompe Notre-Dame*. (Collection Macgeorge.)
Deux dessins pour le *Pont-Neuf*. (Collection Macgeorge.)
Dessin à la mine de plomb de la *Morgue*. (Collection Curtis.)
Dessin de l'*Abside de Notre-Dame*. Collection Macgeorge.

RÉBUS

Avec une exquise bonne grâce, le fils d'Antoine-Edouard Foleÿ, Charles Foleÿ, a bien voulu communiquer à Gustave Geffroy ses souvenirs de famille, de nombreux autographes, des dessins inédits, et notamment le grand fusain, la Mort de Marion Dufrène, connu seulement jusqu'alors par une lithographie. De même, c'est la première fois que le Vaisseau Fantôme, pastel acquis il y a quelques années par le Musée du Louvre, est ici reproduit en couleurs. M. P.-A. Lemoisne a mis à la disposition de l'auteur les eaux-fortes de la réserve du Cabinet des Estampes. Enfin le Peintre-Graveur Illustré, de Loys Delteil, autorité en la matière, la belle collection d'épreuves d'états de M. Maurice Le Garrec, la plaquette jadis consacrée par Aglaüs Bouvenne à la mémoire de Meryon, lui furent une aide précieuse dans la réalisation de son œuvre.

TABLE DES GRAVURES HORS-TEXTE

ILLUSTRATIONS DANS LE TEXTE

TABLE DES MATIÈRES

DANIEL JACOMET ET CIE

68, RUE ERLANGER. PARIS